치유자 예수님

치유자 예수님

월터 카이저 지음
김 진 우 옮김

도서
출판 **신교횃불**

목 차

머리말: 예수님께서는 오늘날도 우리를 치유하실 수 있는가? / 05

01장 　안 될 이유가 어디 있는가? / 13

02장 　정말 안 될 이유가 어디 있는가? / 37

03장 　은사와 은사 수여자 / 51

04장 　치유가 필요할 때 스스로 기도하는 법 / 83

05장 　사람들로 하여금 주님을 접촉하게 하라 / 107

06장 　부정적인 태도들을 극복하라 / 125

07장 　기억들의 치유 / 147

08장 　죄가 질병의 원인인가? / 171

09장 　주여, 제 손을 잡으소서! / 195

10장 　고통을 최대한으로 활용하라 / 213

11장 　궁극적인 온전함 / 241

머리말

예수님께서는 오늘날도 우리를 치유하실 수 있는가?

우리 모두는 우리의 연수에 생명을 더하고, 우리의 생명에 연수를 더하기를 갈망한다. 우리 모두에게는 이제와 영원히 온전하게 살고자 하는 본능적인 욕구가 있다. 그러나 육체적, 감정적, 영적 문제들이 우리와 우리가 사랑하는 사람들을 허약하게 만든다. 우리는 어떻게 기도해야 하며, 우리의 기도들로부터 감히 무엇을 기대해야 하는가를 궁금히 여기면서 무력함을 견디어낸다.

그렇다! 이 책은 그리스도께서 이 세상의 치유의 능력이시라는 확신에 기초하고 있다. 그 분이 성육신 하사 사역하신 동안 사람들의 몸과 마음과 영혼에 치유와 온전함과 건강을 제공하시기 위해 행하신 일을 생각해 보라. 그분은 오늘날도 계속 자신의 영을 통해서 그것들을 제공하고 계신다. 그분은 의료 과학과 자신의 백성의 기도를 통해서 사람들을 치유하시는 치유의 근원이시다.

치유를 위해서 어떻게 기도해야 하는가?

이 책은 우리 자신과 다른 사람들의 치유를 위해서 어떻게 기도해야 하는가를 주제로 삼고 있다. 우리는 그리스도께서 지상에 계시는 동안과 초기 교회의 놀라운 나날 동안 어떻게 사람들을 치유하셨는 지를 주의 깊게 관찰함을 통해서 기도하는 방법의 비결을 발견하게 된다. 우리는 주님께서 부활 전후에 행하신 많은 치유의 기적들의 보고(寶庫)로부터 오늘날 그분이 행하시는 치유 사역의 지극히 중요한 국면들 중에서 두드러진 몇 가지 국면을 이끌어낼 것이다.

이러한 핵심적인 성경 구절들에 대한 해석은 다음과 같은 내용들에 초점을 맞추게 될 것이다. 치유, 온전함, 건강의 본질; 그리스도께서 오늘날 어떻게 기적을 행하고 계시는가; 우리 자신과 다른 사람들을 위해서 어떻게 기도할 것인가; 질병과 죄의 관계; 정신적, 육체적 건강을 위한 기억들의 치유의 중요성; 의심과 낙심을 산출하기 위해서 질병을 사용하는 사탄과 싸우기 위해서 하나님의 전신갑주를 입고 기도하는 방법; 우리를 치유하시는 주님의 능력에 대해 긍정적인 태도를 발전시키는 법; 무너진 관계들을 치유하시는 주님의 은혜를 받기 위해 해야 할 일; 치유를 기다리며 고통을 당하는 인생의 시기를 최대한으로 활용하는 법; 그리고 부요하게 영원히 살 수 있도록 지금 우리에게 일어날 수 있는 죽음과 죽어가는 사실에 대한 두려움을 궁극적으로 치유하는 법.

나는 이처럼 중요한 주제들을 감정이입과 더불어 논의할 것이다. 그러므로, 여러분은 여기 주제들이 여러분의 필요와 관심사들과 일치한다는 사실을 발견하게 될 것이다. 각 장의 핵심적인 확신은 오늘날 그리스도를 통해서 치유와 온전함을 체험하고 있으며, 영적 치유 사역을 위한 기도의 능력을 구하고 있는 사람들의 이야기들을 통해서 예증 될 것이다. 이 책은 치유를 위해 구하고 기도하는 방법을 발견한 나 자신의 긴 순례 여행의 내용과 더불어 시작된다.

오늘날의 교회에 있어서의 치유

오늘날의 교회에서는 치유와 치유 예배에 대한 관심이 늘어나고 있다. 목사들과 교회 지도자들은 정도(正道)를 벗어난 강조와 비성경적인 생각을 피하기 위해 필요한 실제적인 도움뿐 아니라 이처럼 흥분되는 발전을 위한 건전한 성경적 기초를 필요로 하고 있다.

이 책은 그리스도의 치유의 능력을 구하고, 그분이 자신의 교회에게 약속하신 치유의 은사들을 사용한 우리 교회의 모험에서 생겨난 것이다. 나는 우리 교회에게 엄청난 갱신(更新)을 가져다 주고 있는 치유 사역을 발전시킬 수 있도록 주님께서 나와 우리 교회의 장로들에게 주신 지침을 함께 나눌 것이다. 나는 이 책 전체에서 교회를 치유 사역에 개입시키는 일을 시작하는 방법과 피해야 할 것, 그리고 온 교회를 개입시키는 방법을 설명할 것이다. 우리는 성경적으로 기도하는 방법과 기대할 수 있는 응답의 내용을 배우고 있다.

오늘날의 미국 교회에는 그리스도께서 인도하신 치유 사역을 위한 전략이 존재한다. 그 전략은 치유 사역을 지나치게 강조하는 나머지 총체적인 복음을 배제하는 그룹들의 문화적인 패턴이나 뜻을 알 수 없는 말을 본받을 필요가 없다. 그리스도께서는 우리에게 전파하고, 가르치고, 치유하라고 명령하셨다. 그 중 세 번째 명령은 배제되어서는 안 되며, 처음 두 명령과 조화를 이룬 가운데 이루어져야 한다. 주님께서는 우리에게 신약 교회가 되는 길들을 보여 주시기를 원하고 계신다. 그것은 그분이 삶의 모든 측면의 치유를 위해 자신의 치유의 영을 부어 주심으로써 사람들의 필요들을 돌보실 수 있는 교회이다.

치유: 온전함의 많은 측면들

우리는 치유에 대해서 말할 때, 육체적인 치유만을 언급하기 위해서 그 단어를 사용하지 않는다. 신약 성경에서, 치유라는 단어는 우리가 모든 사람들에게 바라는 온전함의 많은 측면을 전달하기 위해 사용된다. 치유를 의미하는 데 사용된 기본적인 헬라어는 〈소조〉(sozo)이다. 그 단어는 '구원하다' 라는 동사와 '구원' 이라는 두 단어의 어원이 되는 단어이다. 그 단어는 "온전하게 만들다"라고도 번역 될 수 있다. 그리스도께서는 우리를 우리 죄에서 구원하기 위해 오셔서, 갈보리에서 우리의 구원을 완성하셨으며, 우리를 삶의 모든 측면에 온전한 사람들로 만드시기 위해 우리와 함께, 우리 안에 살고 계신다. 그분은 우리를 영적인 불화에서 벗어나게 도우시고 영원히 우리와 화목하신다. 우리는 선택 받고, 부름 받고, 하나님의 사랑을 받은 성도들이다. 그러나 그분은 우리의 영원한 삶에만 관심을 갖지 않으신다. 그분은 또한 우리가 풍성한 삶을 살기를 원하시는 것이다.

구원 전, 그리고 그 후에도, 우리는 온전한 삶을 풍성하게 살지 못하도록 우리를 무력하게 만드는 정신적, 감정적, 의지적, 육체적 질병들을 얻게 된다. 그분은 베데스다 못가에 있었던 사람을 위해 행하신 일을 우리를 위해 행하시기를 원하신다. "……내가 안식일에 사람의 전신을 건전하게 한 것으로……"(요 7:23). 흠정역에서는 이 말씀을 "……내가 사람을 온전하게 만든 것으로……"라고 번역하고 있다.

그리스도께서는 우리를 위해서도 동일한 일을 행하실 수 있다. 그분을 떠난 치유는 존재하지 않는다. 의학적, 심리적 치유에 종사하는 전문가들 중 다수가 오늘날의 세상 가운데 역사하시는 그리스도의 치유의 영과 협력하기를 배워 왔다. 그리고 인정받지 못하는 경우가 종종 있지만, 그분은 계시를 통해서 현대의 의학적 연구를 통한 발견들을 인도하시는 신적인 존재이시다.

오늘날의 예수 그리스도의 교회가 치유에 관해 제기할 수 있는 핵심적인 질문들은 다음과 같다.

· 우리는 사람들을 치유하는 사역을 감당함에 있어서 어떻게 더 효과적으로 위대한 의사와 협력할 수 있는가?

· 우리는 어떻게 더 창조적으로 치유의 전문가들이 행하고 있는 일을 긍정하고, 고통을 경감하기 위해 일하는 그들을 위해 기도할 수 있는가?

· 그와 동시에, 우리는 어떻게 그리스도께서 때로 기도의 결과로 즉시 치유를 행하시며, 정신적, 육체적으로 고통을 받는 사

람들을 위해 힘과 용기와 소망을 구하는 기도들에 언제든지 응답하기를 원하심을 인정하며, 기도의 공동체인 우리의 권리를 주장할 수 있는가?

교회나 개인이 병자들을 위해 기도하라는 그리스도의 명령을 진지하게 받아들일 때마다, 혼란을 일으키게 되는 세 가지 문제가 나타난다. 그 문제 중 하나는 모든 사람이 우리가 기도한 방법이나 적절한 때에 치유를 받는 것이 아니라는 사실이다. 이 사실은 담대한 기도를 삼가게 만드는 경향이 있다. 또 다른 문제는 사람들이 그릇된 기대들을 품는 것이다. 우리는 주님께서 모든 사람을 동일한 방법으로 다루실 것이라는 약속을 제시하고 싶은 유혹을 받게 된다. 우리는 그분이 사람들을 다루시는 엄청난 독창성을 부인하는 채, 모든 사람이 동일한 방법으로 치유를 받게 되리라고 약속하는 것이다. 세 번째 문제는 주님의 능력이 아니라 우리의 기도에 초점을 맞춘다는 것이다. 그 결과로 어떤 사람들은 자신들이 치유자라고 주장하고 성공을 거둔 통계 자료를 수집한다. 미국에는 "믿음의 치유자들"의 예가 몇 사람 있다. 그 중에는 특히 텔레비전을 통하여 위대한 치유자보다는 대리자인 인간을 부각시키는 이상하고도 기괴한 방법들을 사용하는 사람들이 포함된다.

이러한 세 가지 문제로 인해서 많은 그리스도인들과 대부분의 교회들에서 치유가 필요한 사람들의 치유를 위한 기도를 멀리하게 만들고 있다. 그것은 비극이다. 부활하신 그리스도께서 오늘날도 나사렛 예수로 성육신하셨을 때와 마찬가지로 치유의 능력을 소유하고 계시기 때문이다. 그분은 사람들의 다양한 필요들을 위해 기꺼이 기도하고 그 결과를 그분께 맡기고 스스로 영광을 취하지 않는 자신의 교회와 사람들에게 치유의 은사를 맡기신다.

사람들은 온전해지기를 갈망한다. 온전함을 약화시키는 것에는 고백하지 않은 죄, 잊혀지지 않는 기억들, 손상된 관계들, 충동적인 습관들, 두려움, 질병, 왜곡된 생각 등이 있다. 많은 사람들이 병이 들거나 기력을 회복하지 못하는 것은 그들에게 희망이나 살고자 하는 의지가 결여되어 있기 때문이다. 우리는 사람들의 진정한 필요들을 다루고, 그들이 그 필요들에 대한 기도와 치유를 받을 수 있는 분위기를 창출하는, 치료하는 교회가 되기를 추구해야 한다. 예수님께서 영적, 심리적, 육체적 온전함의 선물을 인간의 전인격에 부여하시는 사역을 행하신 것처럼, 우리도 우리의 설교와 가르침과 상담과 기도에 있어서 그렇게 해야 한다. 그것은 성경이 온전함에 관해서 이야기하는 내용과 그리스도의 몸인 사랑의 공동체가 어떻게 그것을 전달해야 하는가를 분명히 이해할 것을 요구하고 있다.

이 책은 위대한 의사께서 행하시는 치유가 어떤 것인가를 설명하고, 그리스도인들에게 치유의 공동체인 교회를 향해 나아가도록 격려하려는 목적으로 기록되었다. 우리는 성경의 가르침을 왜곡하는 지나치게 단순한 이단들을 직시할 필요가 있다. 고통 당하는 사람의 믿음의 부족이나 고백하지 않은 죄 때문에 치유가 일어나지 않는다거나, 기도가 역사하지 않을 때, 기도하는 사람에게 문제가 있다는 주장들이 그것이다. 우리의 과업은 사람들이 그들의 영적, 심리적, 육체적, 관계적, 상황적 문제들을 위대한 의사에게 가지고 나가도록 돕는 것이다. 그들은 그분의 치유를 구하는 방법과 그리스도께서 응답하시는 다양한 방법들을 예상하는 방법에 관해서 건전한 성경적 조언을 받을 필요가 있다.

내가 이 책을 기록하면서 세운 계획은 성경 강해자로서의 나의 소명에 여전히 충실하자는 것이다. 나는 의료 권위자나 공인된 심리학자가 아니다. 나는 그런 전문인들의 치유의 기술을 통해 얻은 통찰과 진리들을 어떤 "강력한" 진술을 제공하기 위해서가 아니라, 설명된 말씀들의 기본적인 추진력을 예증하기 위해 사용할 것이다. 내가 할 일은 위대한 의사의 사랑과 능력을 전달하고, 치유의 기적들로부터 어떻게 그분이 오늘날에도 사람들 가운데 자신의 사역을 계속하실 수 있으며, 또 계속하실 것인가를 배우는 것이 될 것이다.

우리가 검토할 각 성경 구절들은 주님의 치유 사역의 한 측면으로 우리를 인도할 것이다.

나는 이 책을 쓰는 동안 나를 격려해 준 나의 비서, 젤린 곤잘레스(Jerlyn Gonzalea)에게 깊은 감사를 표한다. 그녀는 몇 차례에 걸쳐 내 원고를 타이프쳐 주었다. 그리고 그녀는 그 과정에서 위대한 의사의 치유의 능력을 몸소 새롭게 발견하였다. 그리고 그것은 내가 이 책을 쓰는 데 현실감과 영감을 더해 주었다.

안 될 이유가 어디 있는가?
제 1 장

제1장

안 될 이유가 어디 있는가?

    1955년 어느 눈이 내리는 날 아침, 스코틀랜드의 에딘버러 대학(University of Edinburgh)의 학생이었던 나는 엄청난 흥분을 느끼며 잠에서 깨어났다. 그 때 나는 그것이 내 일생에서 가장 중요한 날 중 하나가 되리라는 생각이 들었다.
    으슬으슬하고 축축한 교실에서 하루를 보낼 준비를 갖추려고 두꺼운 속옷과 따뜻한 스웨터와 코트를 입는 동안 나의 기대감은 절정에 이르고 있었다. 나는 희망이 파도처럼 밀려 오는 이유가 무엇인지 분별하려고 애썼다. 그것은 내가 물어 왔던 엄중한 문제들에 대한 해답을 마침내 발견하리라는 사실을 감지했기 때문이었을까?
    나는 사역을 준비하기 위한 교육을 마치고 있었던 시기 동안 나 자신의 영적 필요에 직면하게 되었다. 여러 해 동안 그리스도인이었음에도 불구하고, 내게는 영적 능력이 결여되어 있었다. 나는 그리스도께서 내 죄를 위해 죽으신 사실과, 부활의 능력을 통해서 내가 영원히 살게 되리라는 사실을 전적으로 받아들이고 있었다. 나의 관심사는 지금 어떻게 풍성한 삶을 사느냐는 것이었다. 나는 그리스도인이 된 이후로도, 내적으로는 이전과 동일한 사람이었다. 나는 불안정하고, 불안하며, 불확실한 사람이었던 것이다.

나의 정통적인 신앙은 영감된 성경의 권위에 대한 확고한 신념을 내게 제공해 주었다. 그러므로 나는 아무 의심 없이 그리스도께서 나사렛 예수로서의 사역 중에 행하신 전능한 역사와 기적들을 담은 복음서들의 내용을 믿고 있었다. 또한 사도행전의 사도들과 일세기의 교회의 탄생과 성장을 통해서 지속된 그분의 사역에 대한 기록을 받아들이고 있었다. 그러나 나의 의문은 20세기가 지난 지금도 그리스도의 능력이 어느 정도까지 소용이 되느냐는 것이었다. 우리는 오늘날의 삶 가운데 무엇을 담대하게 기도하고 기대할 수 있는가?

이론에 매여 있었다

그 당시에, 나의 정통적인 신앙은 나를 무력하게 만든 이론들에 매여 있었다. 나는 사도행전에 기록되어 있는 성령의 역사를 교회의 설립과 확장기에만 제한시켰었다는 생각에 충격을 받았다. 나는 지혜와 지식, 믿음과 치유, 그리고 기적의 역사 같은 성령의 은사들은 오늘날을 위한 것이 아니라고 생각했었던 것이다. "볼지어다 내가 세상 끝날까지 너희와 항상 함께 있으리라 하시니라"(마 28:20). 나는 이 그리스도의 명령은 사도 시대까지만 해당되는 것으로 받아들였다. 그리스도께서 십자가와 부활을 통해서 나를 위해 행하신 바에 마음이 끌렸던 나는 현존하시는 주님이신 그분과의 인격적인 관계를 갖고 있지 못했다. 그와 동시에 나는 나 자신의 순종과 신실함을 근거로 그분의 길과 진리와 생명에 합당한 삶을 이어가도록 내버려져 있었다. 나는 그렇게 하는 방법들에 관한 의문들과의 씨름에서 지고 있었다. 내가 씨름하고 있는 동안 심판의 카운트 다운이 시작되었다. 나는 이론에 매여 있었으며, 그 씨름에서 패할 뿐 아니라 그 해결책을 찾으려는 씨름을 계속해 나가려는 의지를 상실할 위기에 이르러 있었다.

그러나 나는 포기할 수 없었다. 그리스도의 약속들이 나를 사로잡았다. 그 약속들을 연구하면 할수록, 나는 내가 무엇인가—누군가!—를 놓치고 있음을 확신하게 되었다. 그리스도께서 십자가에 달리시기 전날 밤에 하신 말씀이 나를 깜짝 놀라게 만들었다. "내가 진실로 진실로 너희에게 이르노니 나를 믿는 자는 내가 하는 일을 그도 할 것이요 또한 그보다 큰 일도 하리니 이는 내가 아버지께로 감이라"(요 14:12). 그리고 나서 그 분은 십자가에 달리시고 부활하시고 승천하신 후에 돌아오실 것이라고 약속하셨다. 그분은 진리와 능력의 영을 약속하셨다. 그리고 나서 그분은 그 영이 어떤 분이 되실 것인지를 이렇게 설명하셨다.

> 내가 너희를 고아와 같이 버려두지 아니하고 너희에게로 오리라 조금 있으면 세상은 다시 나를 보지 못할 것이로되 너희는 나를 보리니 이는 내가 살아 있고 너희도 살아 있겠음이라 그 날에는 내가 아버지 안에, 너희가 내 안에, 내가 너희 안에 있는 것을 너희가 알리라 나의 계명을 지키는 자라야 나를 사랑하는 자니 나를 사랑하는 자는 내 아버지께 사랑을 받을 것

이요 나도 그를 사랑하여 그에게 나를 나타내리라(요14:18-21)

나의 가장 중요한 질문은 이 약속이 사도들과 1세기의 교회만을 위한 것인가, 아니면 우리가 알고 있는 대로의 역사가 끝이 나는 재림 때까지의 모든 사람을 위한 것인가라는 것이었다. 내 스스로의 힘으로 그리스도인의 삶을 살려는 싸움에서 패배하고 있었던 사실은 나로 하여금 그리스도의 말씀이 1세기의 그리스도인들 뿐 아니라 지금을 위한 것이기도 하다는 사실을 확신시켜 주고 있었다.

나는 그리스도께서 약속하신 실재(實在)가 그분의 내주를 통해서 주어지기를 갈망했다. "내 안에 거하라 나도 너희 안에 거하리라 가지가 포도나무에 붙어 있지 아니하면 스스로 열매를 맺을 수 없음 같이 너희도 내 안에 있지 아니하면 그러하리라" (요 15:4). 그리스도를 따르는 자들이 그분이 자기들 안에 거하고 자기들이 그분 안에 거하지 않는 한, 아무 것도 할 수 없다는 그리스도의 경고를 연구함에 따라서, 나는 그분의 경고에 기꺼이 동의하게 되었다. 나는 그분이 옳으셨음을 알고 있었다. 내 힘으로 애를 써 보았지만, 효과가 없었던 것이다.

돌파구: 나의 매듭 끊기

풀기 어려운 이 질문들은 돌파구가 곧 마련되리라는 부인할 수 없는 확신과 함께 에딘버러에서의 그날 아침에 나를 엄습했다. 아침 식사 시간 내내, 그리고 에딘버러 대학의 신학교인 뉴 칼리지(New College)가 위치한 프린세스 스트리트(Prindess

Street) 바로 위의 마운드(Mound)까지 걸어가는 긴 시간 동안 내 마음은 계속 흥분되었다. 나는 그날 내가 존경하는 신약신학 교수인 스튜어트 박사(Dr. Stewart)의 수업 시간이 부활하신 그리스도의 오늘날의 사역에 관한 축소된 개념들로부터 벗어나는 시간이 될 줄을 미처 모르고 있었다.

그것은 현존하시고, 내주하시는 그리스도의 능력에 관한 스튜어트 박사의 강의의 거의 끝부분에 일어났다. 그는 내가 씨름하고 있었던 요한복음의 구절들에 관해 말하고 있었다. 그는 그리스도를 우리의 살아 계신 동시대인이시자 부활하신 이후에 우리를 자신의 거처로 삼고 계신 분으로 묘사했다. 스튜어트 박사는 성경적인 학문과 현대적인 예화들을 멋지게 섞어가면서 그리스도 안에 거하는 것과 그리스도가 우리 안에 거하시는 것의 의미를 생생하게 묘사했다. 전에 들었던 진리가 갑자기 내 마음속에서 불을 일으켜 나의 전존재를 관통하는 전광석화 같은 메시지를 보냈다.

그러고 나서 스튜어트 교수는 강의를 마치기 직전에 강렬한 영감이 떠오를 때마다 하는 습관처럼 잠시 한숨을 돌리면서 안경을 훽 벗더니 마치 변화하신 그리스도의 모습을 보기나 하는 것처럼 창문 밖을 내다 보았다. 그런 후에 그는 그의 강의와 설교의 특징인 간결하고도 통찰력이 뛰어난 어조로 이렇게 말했다. "만일 우리가 세상에 그리스도께 헌신하는 것이 평범하고, 단조로운 것이 아니라 오히려 인간의 영혼이 경험할 수 있는 가장 흥분되는 모험임을 보여 줄 수 있다면, 교회 외부의 사람들과 그리스도를 미심쩍은 눈으로 바라보는 사람들이 충성을 바치러 몰려들어 올 것입니다. 그리고 우리는 당연히 오순절 이후로 가장 커다란 부흥을 기대할 수 있게 될 것입니다." 스튜어트 교수는 오늘날 우리 안에 거하시면서 역사하시는 그리스도의 변화시키시는 능력에 대한 확고한 확신으로 강의를 마무리지었다. 나는 깊은 충격을 받고 그 때 그곳에서 그 부흥의 일부가 되리라고 결심했다. "안 될 이유가 어디 있는가?"라는 질문이 내 마음속에서 용솟음쳤다.

그 날 내내 나는 다른 것은 거의 생각하지 않았다. 그리스도는 살아 계셨다! 그분은 신약성경의 지면들이나 초연한 하늘에 고정된 역사적 인물을 넘어서 나의 살아 계신 동시대인이셨다. 그분의 약속들은 1세기뿐 아니라 20세기 후반부를 사는 나의 삶에도 해당되는 참된 약속들이었다.

그 날이 끝날 무렵에 나는 내가 스튜어트 박사가 말한 부흥의 일부가 될 수 있음을 알고 있었다. 그러나 나는 또한 내게 일어나지 않은 일이 나를 통해 일어날 수 없다는 사실도 깨닫고 있었다. 나는 무릎 꿇고 기도함으로 그 날을 마쳤다. 나는 나의 모든 소유와 존재, 그리고 미래의 소유와 존재를 모두 주님께 드렸다. 나는 그 날 밤 주님의 임재와 그 능력이 나의 마음과 감정과 의지와 몸을 통해서 고동침을 느꼈다.

내가 에딘버러에서 보낸 나머지 시간은 내가 연구를 마쳐가면서 시도한 새로운 모험으로 가득 차 있었다. 나는 내가 체험한 비밀을 적극적으로 공유하는 사역을 계속하기를 갈망했다.

바쁘고 요구되는 것이 많은 목사의 삶을 시작한 나는 머지 않아서 사람들의 많은 필요를 대하게 되었다. 나는 그들이 영생에 대한 분명한 가르침과 설교뿐 아니라 풍성한 삶을 가능하게 해 주는, 내주하시는 그리스도의 능력을 필요로 하고 있다는 사실을 발견하였다. 나는 모든 곳의 그리스도인들이 내가 체험한 것과 꼭 같은 상황에 놓여 있음을 발견하였다. 그들은 온전해지기를 갈망하고 있었다. 그리고 그들의 삶 가운데 그리스도의 치유를 알기를 원했다. 정신적, 감정적, 육체적 문제들이 그들을 무력하게 만들고 있었다. 병자들을 방문하고, 혼란에 빠진 사람들을 상담하고, 긴장되고 무너진 관계들을 바로 잡으려고 일함에 따라서, 나는 그리스도의 치유의 능력을 오늘날의 우리의 삶에 어떻게 전달해야 하는가라는 또 다른 질문을 붙들고 씨름하게 되었다.

우리는 오늘날 어떤 치유를 기대할 수 있는가?

그리스도께서는 나사렛 예수로서의 사역 중에 사람들의 삶 가운데 행하신 일을 오늘날 우리의 삶 가운데에서도 행하실 수 있는가? 그리고 그분이 사도들을 통해서 행하신 기적들을 오늘날 기대하고, 기도를 통해 구할 수 있는가?

이러한 질문들은 나로 하여금 그리스도의 치유와 교회에 맡겨진 치유 사역에 대해 장기간에 걸친 심층 연구를 하게 만들었다. 나는 최초의 17여 년의 사역 기간 동안 영적, 감정적, 육체적 치유의 신비로운 성격을 탐구하는 데 마음을 빼앗겼다. 나는 그 과정을 통해서 인간의 고통의 제일선에서 함께 일한 의사들과 정신과 의사들을 깊이 존경하게 되었다. 그들도 인간의 질병의 원인과 치유책을 깨닫기를 갈망하고, 그들의 기술과 환자들을 위한 나의 기도를 결합하기 위해서 마음을 열고 나와 함께 밀접한 관계를 맺고 수고했다. 그들은 그들의 일이 치유의 장애물들을 제거하고 치유를 돕는 약을 제공하는 것인 줄 알고 있었다. 하지만 그들은 치유가 일어날 때, 그것이 신비로운 기적임을 깨달았다.

세월이 지남에 따라 나는 성경을 숙고하고 치유의 과정에 있어서 기도의 역할을 발견하기 위해 열심히 이런 저런 책들을 두루 탐독했다. 그것은 나로 하여금 개인들의 다양한 필요들을 위해 예수님의 이름으로 특별히 기도하도록 인도했다. 놀라운 일들이 일어났다. 사람들은 의사들이 예상했던 것보다 빨리 회복되었다. 그들의 삶에 미친 주님의 손길이 긍정적인 정신적 태도를 제공하고 치유의 과정을 극대화했던 것이다. 그리고 의료 과학으로는 절망적이라는 선언을 받은 사람들 중 일부도 회복되었다.

그리스도의 치유가 오늘날에도 육체적, 정신적, 관계적 문제들에 일어날 수 있다고 주장하는 과정에서 나는 우리 교회의 장로들이 치유 예배를 드리는 중에 사람들의 문제들을 주님께 맡기고 그 결과를 자신의 백성을 위한 그분의 타이밍과 계획과 목적에 맡기는 데 놀랍도록 마음이 열려 있음을 발견했다. 다시 한 번 그리스도께서는 자신의 능력을 베푸시고, 사람들을 온전하게 만드는 사역 상 의료 과학과 교회의 기도들을 모두 사용하기를 원하시는 자신의 바람을 점점 더 발견하게 하셨다.

이 시기 동안 내 안에서 자란 기본적인 이해와 확신을 여러분과 함께 나누고자 한다. 나의 순례 여행은 에딘버러에서 그 사건을 체험한 그 날 시작되었다. 세월이 지남에 따라 나는 치유의 기도를 드림에 있어서 더 담대히 그리스도의 능력을 구하게 되었다. 내가 이 책의 다음 장들에서 펼쳐 보이고자 하는 것은 나의 생각이 하나의 해답을 향하여 단계적으로 형성된 과정에 기초하고 있다. 그 해답은 다른 어떤 질문보다도 담대한 문제를 제출했다.

그리스도: 이 세상의 치유하시는 능력

무엇보다도 나는 그리스도께서 이 세상의 치유하시는 능력이시라는 본질적인 믿음에 사로잡혔다. 그분은 이 세상 가운데 우리와 함께 하시는 임마누엘 하나님이시다. 그분은 우주를 창조하시고, 별들을 하늘에 매다시며, 이 지구 상에 있는 모든 생명을 지으셨다.

요한복음 1:1-3은 내 생각의 기초석이 되었다. "태초에 말씀이 계시니라 이 말씀이 하나님과 함께 계셨으니 이 말씀은 곧 하나님이시니라 그가 태초에 하나님과 함께 계셨고 만물이 그로 말미암아 지은바 되었으니 지은 것이 하나도 그가 없이는 된 것이 없느니라." 이제 계속해서 우리를 지으신 바로 그 말씀이 새 창조를 시작하시기 위해 임하셨음을 주목하라. "말씀이 육신이 되어 우리 가운데 거하시매 우리가 그의 영광을 보니 아버지의 독생자의 영광이요 은혜와 진리가 충만하더라"(요 1:14). 말씀은 하나님의 마음을 계시하고 그분이 태초에 인간을 위해 의도하셨던 온전함을 구현하시기 위해 오신 것이다.

> 그는 보이지 아니하는 하나님의 형상이시요 모든 창조물보다 먼저 나신 이시니 만물이 그에게서 창조되되 하늘과 땅에서 보이는 것들과 보이지 않는 것들과 혹은 왕권들이나 주관

들이나 통치자들이나 권세들이나 만물이 다 그로 말미암고 그를 위하여 창조되었고 또한 그가 만물보다 먼저 계시고 만물이 그 안에 함께 섰느니라(골 1:15-17)

신약 성경이 그리스도를 묘사하기 위해 사용한 핵심 단어 중 하나는 "권위" 또는 "권세"로 번역되는 〈아르케고스〉(archegos)이다. 그 단어는 그리스도가 누구신가와 무슨 일을 행하러 오셨는가를 밝혀 주고 있다. 그것은 "주도권을 잡고 제1원인(the first cause)을 제공하는 자; 권세, 근원, 원천"을 뜻한다. 우리를 지으신 분이 우리를 새로 지으시기 위해 임하셨다. 경외로운 이 사실은 그리스도께서 나사렛 예수로서 행하신 바를 이해하는 데 지극히 중요하다.

그리스도께서는 다시 우리를 온전하게 만드시기 위해 임하셨다. 우리는 하나님을 알고 사랑하도록 지음받았다. 우리에게는 자유롭게 하나님을 영화롭게 하고 섬길 수 있는 선물이 주어졌었다. 그러나 인간은 그 자유를 잘못 사용함으로써 하나님께서 의도하신 온전함을 무산시켰다. 역사의 슬픈 이야기가 그 결과를 보여 주고 있다. 하나님께 의존하고 신뢰하는 관계를 거부하는 것은 인간의 본성의 타고난 경향이 되었다. 우리는 그것을 죄라고 부른다. 죄는 하나님께서만 다스리실 수 있는 것을 떠맡고, 그분이 우리에게 다스리도록 맡기신 것을 거부하려는 욕구이다. 죄는 하나님의 표적을 빗나가는 것, 우리 스스로 삶을 꾸려가기를 추구하는 것, 우리 스스로 신이 되려고 애쓰는 것이다.

그 결과는 하나님께서 우리를 위해 계획하신 탁월한 조화 대신에 부조화였다. 생각하는 두뇌, 우리의 감정적 반응을 통제하는 대뇌 조직, 자율신경계와 몸의 기능 간의 완전한 조화가 영향을 받았다. 왜곡된 사고(思考)가 감정을 혼란시키고 우리 몸의 조직들이 제대로 기능을 발휘하지 못하게 만들었다. 우리에게 부여되었던 면역 체계도 손상되었다. 또한 우리와 자연 세계 사이에 의도되었던 조화도 무너졌다. 하나님과의 관계에서 벗어나고 스스로 삶을 꾸려가는 데 따르는 긴장으로 가득 찬 우리는 자연과 원수가 되었다. 그와 동시에 적대감과 시기심과 경쟁심이, 우리가 동료 인간들에게 표현하도록 되어 있었던 사랑과 관심을 대신하게 되었다.

우리의 거역 때문에 모든 피조물이 원대한 계획에서 멀어지게 되었다. 고통과 질병이 우리의 몫이 되었다. 그리고 우리가 창조주로부터 분리됨으로 생긴 자리에 불가사의하고 적대적인 악의 세력이 이 세상에서 맹렬한 기세를 발휘하게 되었다.

그러나 주님께서는 우리를 포기하지 않으셨다. 그분은 이 타락한 피조물 중에서 한 백성—이스라엘—을 자신의 백성이 되도록 부르시고, 그들에게 십계명과 세상에서 건전한 삶을 살 수 있게 해주는 규칙과 규례들을 맡기셨다. 주님께서는 자신의 백성을 인도하고 돌보셨다. 그리고 주님께 대한 순종과 반항이 뒤섞인 굴곡이 심한 이스라엘의 역사가 바로 놀랄만한 구약의 이야기이다.

그런데 역사가 최악의 상태에 이르렀을 때, 생명의 창조자, 로고스—그리스도 자신—께서 새로운 창조를 시작하시고, 우리를 하나님과 화목케 하시고, 새 이스라엘, 즉 교회를 부르시기 위해 임하셨다. 생명을 창조하시고 유지하신 분이 모든 차원의 생명들을 구속하시기 위해 오셨던 것이다.

그리스도가 누구신가에 대한 분명한 이해는 우리가 그분이 팔레스타인에서의 사역 중에 사람들을 온전하게 만드시기 위해 행하신 바를 이해하는 데 도움을 준다. 그분은 사람들의 영혼뿐 아니라 그들의 마음과 감정과 몸을 돌보셨다. 그분은 만물의 창조자이시자 재창조자이신 하나님의 마음을 가지고 성육신하신 치유자이셨다. 그리스도께서 만지신 병자와 불구자들은 치유를 받았다. 눈먼 자들은 시력을 되찾고, 저는 자들은 걷고, 정신적인 혼란에 빠진 자들은 자유를 얻었다.

성육신하신 그리스도께서는 세상의 빛이요 진리요 생명이셨을 뿐 아니라 치유의 능력이기도 하셨다. 마음을 새롭게 하고, 신체의 조직들을 정상으로 회복시키고, 조직과 세포들을 치유하는 재창조적인 그분의 능력은 이제 그 메시지와 손길, 그리고 귀신을 쫓아내는 권세를 통해서 강력하게 전달되고 있다. 기적들에 대한 우리의 이해는 거기서 시작된다. 그렇지 않다면 그 이해는 전혀 시작되지 않을 것이다.

치유: 말씀에 대한 이해

치유를 이해함에 있어서 성장하는 다음 단계는 신약 성경에 나오는 치유라는 단어를 심층적으로 검토하는 것이다. 예수님께서 행하신 바를 묘사하기 위해서 세 단어가 특별히 사용되고 있다.

〈소조〉(sozo)라는 단어는 "구원"과 "치유"의 뜻으로 사용되고 있다. 그 단어의 명사형은 "위험과 고통과 죄와 질병으로부터의 구원"을 뜻하는 〈소테리아〉(soteria)이다. 이 단어는 그리스도께서 사시고, 죽으시고, 부활하심으로 말미암은 영원한 구원을 묘사하는 데 사용되고 있다. 예수님께서는 요한복음 3:17에서 자신의 본질적인 치유를 이렇게 묘사하셨다. "하나님이 그 아들을 세상에 보내신 것은 세상을 심판하려 하심이 아니요 그로 말미암아 세상이 구원을 받게 하려 하심이라." 여기서 소조라는 단어가 사용되고 있다. 그분은 우리를 죄와 질병과 죽음의 굴레에서 해방시켜 주시고, 다시 온전하게 만들어 주신다. 신적 구주(소테르, Soter)이신 그분은 이제와 영원히 사람들을 풍부한 삶으로 인도하신다.

치유를 의미하는 두 번째 단어는 "치유하다", "온전케 하다" 등으로 다양하게 번역되는 〈이아오마이〉(iaomai)라는 단어이다. 그 단어는 신약 성경에서 육신적인 치유를 의미하는 데 22차례 사용되었다. 가나안 여자의 딸을 치유하신 사건이 좋은 예이다. "……그 때로부터 그의 딸이 나으니라"(마 15:28). 그 단어는 또한 영적 치유를 뜻하는 데 사용되었다. 그것은 자신의 오신 목적을 선언하시기 위해 이사야서 6:1을 인용하신 그리스도의 말씀에 나타나 있다. "나를 보내사 … 눌린 자를 자유롭게 하고"(눅 4:18). 야고보는 자신의 서신에서 육체적, 영적 필요들의 치유를 표현하기 위해서 이아오마이를 사용하고 있다.

치유와 연결되어 사용된 세 번째 단어는 〈후기에스〉(hugies)이다. 복음서들에서 그 단어는 건강하고 온전한 상태를 묘사하고 있다. 이것은 예수님께서 베데스다 못가에 있었던 사람에게 하신 질문에 사용되고 있다. "네가 낫고자 하느냐"(요 5:6). 흠정역은 이 말씀을 이렇게 번역하고 있다. "네가 온전해지고자 하느냐?" 동일한 단어가 예수님께서 손마른 사람을 치유하신 사건을 묘사하는 데 사용되고 있다. "이에 그 사람에게 이르시되 '손을 내밀라' 하시니 그가 내밀매 다른 손과 같이 회복되어 성하더라"(마 12:13).

이 세 단어와 그것들보다 덜 자주 사용된 그밖의 몇 단어가 사람들의 삶에 미친 예수님의 치유 사역을 묘사하고 있다. 그분은 사람들을 돌보셨다. 그들을 죄와 질병으로부터 해방시키셨던 것이다. 그분은 아르케고스, 즉 생명의 창조자로서 그렇게 하셨다. 오히려 그분은 훨씬 더 많은 일을 하셨다. 그분은 우리의 죄를 대속하시기 위해 십자가를 지셨으며, 스스로 우리의 고통과 질병을 취하신 것이다.

십자가 아래서 일어난 치유

그리스도의 치유를 이해하고 체험하기를 추구하는 나의 순례 여행의 자연스러운 다음 단계는 나를 십자가 아래로 인도한 것이다. 거기서 어떤 일이 일어났는가? 나의 치유 사역을 위한 능력의 발견은 갈보리에서 일어난 일과 분리할 수 없게 연결되어 있었다. 두 가지가 나의 주목을 끌었다. 메시야의 대속적인 죽음에 관해 예언된 바와 예수님께서 우주적인 그 사건 전에 스스로 그 죽음에 관해 말씀하신 바가 그것이었다.

나는 그 내용을 연구하는 중에 이사야서 53장에 초점을 맞추고, 선지자가 예언한 바가 우리의 치유와 구속에 대해서 메시야에 의해 성취되리라는 것을 묘사하는 히브리어 단어들을 주의 깊게 연구하였다. 특히 4절과 5절을 주목하라.

그는 실로 우리의 질고를 지고
우리의 슬픔을 당하였거늘
우리는 생각하기를 그는 징벌을 받아
하나님께 맞으며 고난을 당한다 하였노라
그가 찔림은 우리의 허물 때문이요
그가 상함은 우리의 죄악 때문이라
그가 징계를 받으므로 우리는 평화를 누리고
그가 채찍에 맞으므로 우리는 나음을 받았도다

나는 이사야가 예언한 4중적인 치유를 고찰하면서 매우 흥분했다. 메시야는 우리의 질고를 지고, 슬픔을 당하고, 우리의 허물을 인하여 찔리고, 우리의 죄악을 인하여 상함을 입게 될 것이었다. 그 단어들의 의미를 연구했을 때, 나는 특히 "지고", "당하고", 그리고 "슬픔"이라는 단어들에 놀랐다. "지고"에 해당하는 단어인 〈나사〉(nasa)는 "들어 올리다", "지고 나르다", 또는 "먼 곳으로 없애버리다"라는 뜻을 가지고 있다. 그것은 레위기 16:22에서 속죄의 염소의 행동을 묘사하는 데 사용된 단어이다.

고대 이스라엘에서 그 단어의 개념은 이스라엘 백성의 죄를 한 염소에게 지워, 그 염소를 바깥으로 끌고 가 광야로 보내는 것이었다. 이것은 그 백성에게 여호와께서 자기들의 죄를 제거하셨다는 확신을 주었다. 여호와께서 아론에 대해 모세에게 주신 명령은 다음과 같다. "염소가 그들의 모든 불의를 지고 접근하기 어려운 땅에 이르거든 그는 그 염소를 광야에 놓을지니라"(레 16:22).

예수 그리스도께서는 훨씬 더 심오한 방법으로 우리의 속죄양이 되셨다. 그분은 온 세상의 죄를 지시고 갈보리의 고난과 죽음을 통해서 그 죄를 당하셨다. "당하였다"에 해당되는 히브리어 〈사바이〉(sabai)는 이사야가 여기서 사용하고 있듯이, 무거운 짐을 떠맡는 것을 의미했다. 그것은 실제적인 대리(代理)를 의미한다.

그렇다면 그리스도께서 우리를 위해 당하신 것이 무엇인가? "질고"로 번역된 히브리어 단어 〈콜리〉(choli)는 원래 복수로, 실제로 "질병"을 의미한다. "슬픔"으로 번역된 히브리어 단어 〈마코브〉(makob)도 복수로, "고통"을 의미한다.[1] 이사야의 예언은 실제로 메시야께서 대속적인 희생을 통해서 우리의 허물과 죄악뿐 아니라 질병을 지고 당하신다는 것이다. 그분이 우리를 위해 이루신 평화는 "온전함, 구원, 하나님과의 바른 관계, 그리고 마음과 영혼과 몸의 건전함"을 의미하는 히브리어 단어 〈샬롬〉(shalom)의 의미를 전달했다.

이사야 53:4의 예언에 대한 마태의 설명은 예수님께서 자신에 관한 예언을 어떻게 이해하셨는가를 이해할 수 있도록 인도해 준다. 분명히 예수님께서 그 예언에 관해 말씀하셨을 것이다. 그리고 마태는 주님의 치유와 십자가 사역이 일어난 지 여러 해 후에 그리스도의 전능하신 사역에 대한 설명을 다음과 같이 기록했던 것이다. "……예수께서 말씀으로 귀신들을 쫓아 내시고 병든 자들을 다 고치시니 이는 선지자 이사야를 통하여 하신 말씀에 우리의 연약한 것을 친히 담당하시고 병을 짊어지셨도다 함을 이루려 하심이더라"(마 8:16, 17).

예수님께서는 십자가에서 죄와 질병과 죽음의 세력과 싸우셨다. 자유를 주는 주님의 십자가를 받아들이고, 그분을 구주로 영접하는 사람들은 용서받은 죄인의 신분뿐 아니라 그분이 가능케 하시는 온전함의 수령자가 된다.

선포하고, 가르치고, 치유하라

나의 순례 여행의 발길이 더 빨라졌다. 그리스도께서는 죽음에서 부활하셨을 때, 제자들에게 세상으로 들어가서 세 가지 지극히 중요한 일—선포하고, 가르치고, 치유하는 것—을 행하도록 명하셨다. 하늘과 땅의 모든 권세가 그들의 것이 될 것이었다. 자신을 따르는 자들은 자신이 한 일을 하고 더 큰 일도 하리라는 약속이 실현될 것이었다!

"더 큰 일"은 양과 질을 모두 의미했다. 주님께서는 자신의 영의 능력으로 부활하시고, 승천하신 후에는 더 이상 성육신 하셨을 때의 사역에 제한되지 않으시고, 무소부재하신 중에 나사렛 예수로서 시작하신 일을 계속하고 계신다. 그리고 질적인 면에서 더 큰 일은 제자들이 사람들을 승리의 주님이신 그리스도께 인도하고, 구주께서 십자가의 대속과 내주하시는 능력을 통해서 자신을 믿는 사람들의 마음과 몸과 영혼 안에 들어가실 수 있게 된 것이다.

나는 기쁜 마음으로 누가의 사도행전 서문을 고찰했다. "데오빌로여 내가 먼저 쓴 글에는 무릇 예수께서 행하시며 가르치시기를 시작하심부터"(행 1:1). 핵심 단어는 "시작하심부터"이다. 성육신은 예수님의 재창조 사역의 시작이었다. 누가는 그 사역이 어떻게 계속되었는가를 사도행전에 극적으로 기록하고 있다. 주님께서는 오순절에 자신을 따르는 무리들을 자신의 영으로 충만케 하셨다. 그러자 놀라운 기적이 일어났다. 사도들은 주님의 이름으로 구원을 선포하고, 사람들을 그리스도께로 인도하며, 사람들의 다양한 영적, 육신적 문제들을 치유했다. 주님께서는 그들 안에 거하시며 그들을 통해 역사하시겠다는 약속을 신실하게 지키셨다. 오순절 사건이 일어난 지 얼마 후에 제자들은 삼년 간 따라다닌 결과로 그분을 알았던 것보다 그분을 더 잘 알게 되었다.

나는 사도행전 3장에 나오는 성전 문 옆에 있던 나면서 못 걷게 된 자를 치유하신 기사를 읽을 때, 내주하시는 그리스도의 영이 믿음의 선물과 치유와 기적의 역사를 산출하셨음을 깨달았다. 베드로와 요한이 그 나면서 못 걷게 된 자를 만났을 때, 그의 무력함을 보고 그들을 통해서 사람들을 치유하시겠다는 예수님의 약속을 기억했다. 그것은 분명히 위험과 모험이 따르는 도전적인 순간이었을 것이다. 나는 그들의 마음이 흔들렸으리라고 상상한다. 예수님이시라면 어떻게 하셨을까? 그분이시라면 그 사람을 치유하셨을 것이다. 그들도 감히 그렇게 할 수 있었을까? 그들 안에 거하시는 그리스도께서 그렇게 할 수 있다는 믿음의 선물을 그들에게 주신 것은 바로 그 순간이었다. 베드로가 그 사람의 손을 잡았을 때, 기적이 일어나기 시작했다. 그는 그 사람을 일으키면서 예수님의 이름을 언급했다. "나사렛 예수 그리스도의 이름으로 일어나 걸으라"(행 3:6). 그러자 신적인 치유의 에너지가 그 사람의 발목에 흘러 들어갔다. 잘못 놓이고 어긋나 있던 부분들이 제 자리를 찾았다. 그리고 믿음의 선물이 그 사람에게 주어져, 그는 살아 계신 그리스도의 능력으로 일어나 걷고 뛰며 하나님을 찬양했다. 기적이 일어났다! 그리스도께서 사도들을 통해서 치유를 행하고 계셨던 것이다.

계속해서 초대 교회에 역사한 그리스도의 치유를 연구하는 과정에서 나의 마음은 완전히 그 문제에 사로잡혔다. 각 치유 사건은 그 일이 일어날 수 있다는 담대한 믿음과 아울러, 예수 그리스도의 이름에 대한 담대한 선언이 함께 어우러져 이뤄졌다. 나는 또한 기독교 역사에 속한 놀라운 시기를 고찰하는 과정에서 우리가 우리의 시대에 그리스도의 치유의 능력을 선언함에 있어서 그렇게도 소심한 이유를 의아히 여기게 되었다.

사도 시대 직후의 몇 세기를 주의 깊게 연구한 결과로 볼 수 있는 것은 영적 치유의 역사가 소멸되었다는 것이다. 나는 그 원인이 주님께서 담대한 믿음, 치유, 그리고 기적의 역사를 계속하시기를 꺼려 하셨기 때문이 아니라고 확신한다. 오히려 그것은 사도들이 모범으로 보여 준 살아 계신 그리스도께 대한 믿음의 질이 결여되었기 때문이라고 생각한다. 예를 들어, 3세기에는 사람들의 다양한 질병과 문제들을 치유하기 위해 기름을 바르는 의식이 죽어가는 사람들을 위한 의식이 되었다. 그 의식은 풍성한 삶을 살 수 있도록 치유를 가능케 하는 수단이 아니라 영생의 확신을 확인하는 의식으로 사제(司祭)에 의해 집행되었던 것이다.

게다가 의료업의 성장이 영적 치유에 대한 강조가 결여된 상황과 맞물리게 되었다. 사람들의 치유를 위해 기도하는 관습은 처음 몇 세기 동안 교회의 사역의 일부이기는 했지만, 크게 줄어들었던 것이다. 영적인 부흥이 일어난 시기들에는 종종 성령의 은사들에 대한 체험이 새로워지고, 그 결과로 치유의 역사가 일어나기도 하였다.

종교개혁은 주로 면죄와 선행이 아니라 믿음으로 말미암은 의에 관련된 것이었다. 루터는 한 때 성령의 은사들이 사도 시대에 국한되었다고 강조했지만, 그의 생애 말년에는 치유에 관해 설교하고 치유의 기적을 위해 기도하기도 했다.

그러나 그 종교개혁자의 강조점은 기독교계에 새로운 자유가 일어나게 만들었다. 종교개혁은 성령의 영감으로 기록된 성경의 권위와 하나님과의 바른 관계의 유일한 기초인 믿음으로 돌아가는 분수령이 되었다. 16세기에서 18세기에 걸쳐서 큰 영향을 끼친 종교개혁의 영향력은 부활하신 그리스도의 능력을 구하는 사람들의 운동을 이끌어냈다. 18, 19세기의 부흥 운동들이 자연스럽게 뒤따랐다. 19세기 후반부와 20세기 초반에 일어난 결과는 두 가지 특징을 나타냈다. 하나는 성령 세례, 성령의 은사 체험, 성령 충만, 그리고 믿음의 치유 사역을 강조하는 오순절주의의 성장이었다. 그와 동시에 메리 베이커 에디(Mary Baker Eddy)는 악과 죄와 질병이 존재하지 않으며, 그리스도를 근거로 한 사고(思考)를 통해서 육체적인 질병과 불구로부터 완전한 자유를 얻을 수 있다는 확고한 신념을 가지고 크리스챤 사이언스(Christian Science)를 설립하였다.

그러나 20세기에 일어난 일들 중에서 가장 유익한 것은 전통적인 교회들이 치유 사역을 재발견한 것이었다. 그것은 사람들을 치유하는 교회의 역할을 단언함으로써 두드러지게 나타났다. 그리고 기독교의 주류 내에서는 의료 과학이 이 세상의 치유하시는 능력이신 그리스도께서 오늘도 역사하시는 방법 중 하나라는 단언과 짝을 이루게 되었다. 그러나 그 사실에 덧붙여서, 목사들과 교회 직분자들과 교파들은 기도를 통해 치유하시는 그리스도의 능력을 구하는 길들을 추구해 왔다. 나의 삶과 사역의 초점이 되어 온 것은 바로 이러한 기독교 주류에 속한 교회의 갱신이었다.

이제 내가 이제까지 묘사하려고 애써 온, 나 자신의 순례 여행에서 발견한 기본적인 사실들을 다시 정리해 보자.

1. 그리스도께서는 이 세상의 치유의 능력이시다. 그분을 떠나서는 어떤 치유도 존재하지 않는다. 그분은 오늘날도 나사렛 예수로서의 사역 중에 행하시고, 1세기에 부활하신 주로서 행하신 대로 사람들을 온전하게 하시기를 추구하신다.
2. 그리스도께서는 자신의 교회를 치유 공동체—세우고, 양육하고, 의료 과학의 사역을 지원하며, 기도를 통한 그리스도의 치유를 구하는—로 만드시기를 추구하신다. 의료 과학과 기도를 통한 치유는 모두 그분으로부터만 임한다.
3. 그리스도께서 내주하시는 오늘날의 그리스도인들은 오늘날 믿음, 치유, 그리고 기적의 역사를 구하고 실행하는 양도할 수 없는 권리를 소유하고 있다.
4. 지역 교회의 과업은 온전함을 전하고 가르치며, 그 교인들이 기도를 통한 치유를 구하도록 돕는 것이다. 그렇게 하기 위해서는 사람들의 필요와 문제들을 놓고 그리스도의 더 큰 지혜를 의지하고, 우리의 삶을 향한 계획과 일치하는 그리스도의 개입에 대한 확신을 가지고 기도할 수 있는 치유 예배를 제공하는 것이 필요하다.

17년에 걸친 나의 순례 여행은 나를 확실성과 확신의 자리로 인도했다. 그것은 또한 내가 나의 삶에 내주하시는 그리스도의 변함 없는 능력 없이는 치유하는 공동체인 교회를 인도하고 그 사람들의 온전함을 구할 수 없음을 깨닫게 만들어 주었다. 그리고 그것은 나로 하여금 다시 무릎을 꿇고 다른 글들에서 내가 "축복의 다른 반쪽"이라고 부른 것을 구하게 만들었다.

내가 간절히 바란 것은 그리스도의 대속의 죽음과 영원한 안전의 수령자로서 그리스도 안에 거하는 것뿐 아니라 그분의 내주의 수령인이 되는 것이었다. 내가 1955년 스코틀랜드, 에딘버러에서 드렸던 기도가 재개되었다. 그 사역—선포하고, 가르치고, 사람들의 필요들을 돌보는—을 수행한 세월은 힘들고 지친 세월이었다. 그리고 그 시절은 나 자신의 부족함을 새롭게 인식하게 만들었다. 나는 내주하시는 그리스도로부터 흘러넘치는 초자연적인 능력이 필요함을 거듭 느꼈다. 나는 다시 한 번 마음이 열리고 나를 가득 채우시는 그분의 새로운 능력을 깨닫게 되었다.

정말 안 될 이유가 어디 있는가?

제 2 장

제2장

정말 안 될 이유가 어디 있는가?

내가 12년 전 헐리웃(Hollywood)에서 사역을 시작했을 때, 나는 후에 치유 공동체가 된 회중을 인도하는 모험에 개입하는 데 충분히 마음이 열려 있었던 일단의 장로들을 물려 받았다.

나는 그리스도의 치유의 능력이 처음으로 부어졌던 최초의 증거를 결코 잊을 수 없을 것이다. 장로들과 함께 가진 수양회에서—헐리웃 장로교회에서의 사역 초기에 가진—나는 우리의 생각을 이끌어 줄 네 가지 질문을 다음과 같이 제기했다.

- 우리는 어떤 종류의 사람들을 세상 안에 배치하도록 부름 받았는가?
- 어떤 종류의 교회가 그런 종류의 사람들을 해방시키는가?
- 어떤 종류의 장로들이 그런 종류의 교회를 세울 수 있는가?
- 어떤 종류의 목회 지도력이 그런 종류의 장로들을 고무할 수 있는가?

우리는 목표들을 정하고 그 질문들에 대한 답변들을 탐구하였다. 세상에 배치되어 부름 받은 사람들은 그리스도께서 온전하게 만들고 계신 사람들이었다. 그들은 그리스도를 체험함을 통해서 기본적인 관계들을 치유받게 될 사람들이었다. 즉 그들은 은혜를 통해서 그리스도와의 관계를 치유받고, 그리스도의 용납을 통해서 자신과의 관계를 치유받으며, 그분의 능력을 통한 비할 데 없는 긍정을 통해서 다른 사람들과의 관계를 치유받고, 기꺼이 개인들의 필요와 문제들에 개입하여 고통과 불의를 경감시키기 위해 사회의 특별한 영역에 개입함을 통해서 세상과의 관계를 치유받는 것이다.

우리는 세상에서 우리 성도들이 행하고 있는 사역의 질(質)에 대해서 마음속으로 품고 있는 심상(心象)에 초점을 맞췄다. 우리는 성경이 우리의 모든 성도들을 사역으로 부르시는 성경적 부르심을 담대하게 강조하였다. 우리는 그리스도 안에 있는 모든 사람이 사역에 참여하고 있으며, 성령의 은사들이 그 사역을 위한 것이라는 사실을 다시 확인하였다.

우리는 우리의 목적을 분명히 하였다. 주이시며 구주이신 그리스도께 헌신한 사람들, 그분의 영으로 충만한 사람들, 자기 믿음을 다른 사람들과 함께 나눌 수 있는 사람들, 그리스도의 나라와 모든 생명에 미치는 그분의 통치 하에 살기를 추구하는 사람들을 세상에 배치하는 것이 그것이다.

우리는 우리의 교회 생활과 목적들에 대해 다음과 같은 4중적인 소명을 명백히 하였다.

1. 예배하는 교회

2. 치유하는 공동체
   3. 교육 센터
   4. 전도와 선교의 배치 기관

교회: 치유 공동체

나는 치유 공동체로서의 교회의 과업을 성취하기 위해서 지난 17년 동안의 순례 여행의 자원(資源)들을 장로들에게 털어놓을 수밖에 없었다. 그 수양회 기간 동안 내가 체험하고 배운 모든 것을 쏟아 놓았다. 그 결과 그 장로들은 헐리웃 장로교회를 사람들이 그리스도의 치유하시는 능력을 통해서 온전함을 얻을 수 있는 신자들의 공동체로 발전시키는 데 새롭게 헌신하게 되었다.

치유에 대한 우리의 연구의 결론 부분에서, 나는 장로 중 한 사람인 심리학자이자 교육자, 로버트 힉스 박사(Dr. Robert Hicks)가 열심히 나를 바라보고 있음을 의식하게 되었다. 그는 고무로 만든 부목(副木)을 목에 대고 있었는데, 사고로 입은 상처 때문에 큰 고통을 받고 있음에 틀림 없었다. 그 때 또 한 사람의 장로가 일어나서 이렇게 말했다. "목사님, 우리는 치유에 대해서 이야기 해 왔습니다. 그런데 힉스 박사는 고통을 받으며 이 자리에 앉아 있습니다. 그렇다면 기도하도록 부름 받은 우리 장로들이 그의 주위에 모여서 그리스도의 치유의 능력이 역사하도록 기도하면 어떨까요?" 예상하지 않았던 일이 일어났다. 그곳은 그리스도의 임재와 능력으로 진동하고 있었다. 우리는 훌륭한 그 박사에게 손을 얹고 그리스도의 타이밍과 방법으로 치유를 위해 기도했다.

　다음 주일에 힉스 박사는 헐리웃 교회의 앞 좌석에 부목을 벗고 고통 없이 앉아 있었다. 치유 기도의 사역이 시작된 것이다. 그 주일 힉스 박사는 우리 마음에 감동을 안겨 준 무명 시인의 시를 내게 건네 주었다. 그 시는 새로운 노래의 주제가 되었다.

　그들은 이상한 새 소망에 가득찬 채로 나아 왔네,
　눈먼 자들, 나병환자들, 병든 자들, 저는 자들.
　연약한 몸과 병든 영혼……
　그분께 손을 댄 사람들마다 온전하게 되었네.

　입술마다 그 치유자의 이름을 부르고,
　온 나라에 그분의 명성을 전했다네.
　그러나 의심하는 자는 나무 목발을 부여 잡고,
　"너무 많은 걸 기대해서는 안돼"라고 말한다네.

　여러 세대에 걸쳐 한 약속이 주어졌나니,
　슬픔과 죄와 수치가 치유되고,
　무능한 자들에게 도움이 베풀어지고, 눈먼 자들이 보게 되며,
　몸과 영혼과 마음이 치유되리라.

　우리가 따르는 그리스도는 여전히 동일하시니,
　그 이름을 부르는 모든 자에게 축복이 임하리라.
　그러나 우리는 너무나 자주 사랑넘치는 치유의 손길을 놓치고,
　"너무 많은걸 기대해서는 안돼"라고 말한다네.

우리는 여러 해 동안 계속해서 사람들의 영적, 심리적, 관계적, 사회적, 육신적 필요들을 위해 기도했다.

우리는 첫 해 어느 주일 저녁 예배 시에 최초의 치유 예배를 드렸다. 우리는 예배를 준비하는 가운데 장로들에게 병자들을 위해 손을 얹고 기도하라고 명하고 있는 야고보서 5장을 연구하였다. 수백 명의 사람들이 장로들의 기도를 통해서 자기들의 필요들을 그리스도께 맡기기 위해 앞으로 나아 왔다. 이러한 프로그램은 다양한 예배, 성도들의 수양회, 그리고 공동체에서 성경공부와 교제 그리고 합심 기도를 위해 모이는 많은 소그룹들 중에서 계속 되었다.

시련과 시험의 시기

위대한 의사께서 헐리웃 장로교회에서 이루신 치유 사역에 대해서 영적, 지적으로 더 잘 이해하게 된 이 시기에, 나는 그리스도의 치유의 능력에 관해서 설교하고 가르친 내용에 대한 개인적인 시련과 시험의 시기에 직면했다. 다른 책들과 메시지들에서 밝혔듯이, 내 아내 메리 제인(Mary Jane)이 암에 걸려 다섯 차례에 걸친 수술을 받았다.

그 어두운 시절 동안 받은 유혹은, 밝고 빛나는 영감(靈感)의 시절에 내가 발견한 바에 의문을 제기하게 만들었다. 그러나 그 시기를 거치는 동안 우리 두 사람은 주님과 서로에게 더 가까이 이끌렸다. 그녀의 질병은 치유를 강조하는 우리 교회의 방침과 모순되는 대신에, 그리스도의 임재와 능력의 실재와 진실성을 분명히 드러내 주었다.

사람들이 "목사님이 그리스도의 치유의 능력에 관해 하신 모든 말씀에도 불구하고 목사님의 아내에게 어떻게 이런 일이 일어날 수 있단 말입니까?"라고 물을 때, 나의 유일한 답변은 다음과 같은 것이 될 것이다. "그것이 문제가 아닙니다. 중요한 것은 지금 당장 급히 그리스도의 치유를 필요로 하는 사람을 위한 성경의 교훈과 약속을 구하는 것입니다. 의심하는 질문들을 제기하지 마시고, 기도하십시오!"

메리 제인과 나는 종종 우리들의 기도가 타당하지 않은 우울한 시기를 체험했다. 어느 한 시점에, 메리 제인은 기도하기가 힘들다는 사실을 발견했다. 그 때 한 친구가 그녀와 내게 우리가 신실한 친구들의 기도들을 의지해야 할 때가 있음을 일깨워 주었다. 그리고 그것이 바로 우리가 한 일이었다. 우리 교회의 수천 명의 사람들과 이 나라 전역의 많은 사람들이 그녀의 치유를 위해 기도했다. 그리고 메리 제인은 몇 차례의 치유 예배 시에 장로들의 치유 기도를 받기 위해 앞으로 나아 왔다. 그중 어느 때에 극적으로 병세가 호전되고 치유가 시작되었다. 종종 그렇듯이, 어두운 밤이 지난 후에는 밝은 새벽이 오는 것이다.

메리 제인의 치유에는 세 가지가 중요했다. 첫째, 용감한 투사인 그녀는 결코 포기하지 않았다. 주님께서는 그 사실을 귀하게 보시고 자기가 나으리라는 그녀의 믿음을 생생하게 유지시켜 주셨다. 둘째로, 그녀는 가까이나 멀리 있는 사람들의 사랑의 긍정적인 영향력으로 둘러싸여 있었다. 놀라운 그리스도텔레파시(Christotelepathy)—사랑하고 기도하는 사람들 간의 그리스도로 충만한 영적 대화—를 통해서 그녀는 큰 격려를 받았다. 셋째, 치료와 의료적인 돌봄과, 그리고 병든 세포들에 그분의 영이 심어짐을 통해서 그리스도께서는 장기간에 걸친 회복 기간 중에서 그녀를 치유하셨다. 그 결과 메리 제인과 나의 여러 해에 걸친 영적 치유를 향한 순례 여행은 방해나 무시를 당하지 않고 오히려 심오하게 깊어졌다.

순례 여행: 새로운 단계

그 순례 여행의 최근의 단계 또한 매우 흥분되고 의미심장한 것이었다. 두 해 전에, 우리 예배 시간의 기도 봉사를 맡은 장로들이 내가 예배에 대해서 그들을 위해 쓴 글을 읽고 토론하기 위해 모였다. 그 모임의 목적은 예배에 대한 성경적 지침들을 재확인하고 우리 성도들을 돌보기 위한 새로운 목표들을 세우는 것이었다. 나는 그 글의 말미에 몇 가지 질문을 열거했다. 그 중 하나는 다음과 같은 것이었다. "우리는 어떻게 주일 아침 예배에 참석하는 성도들과 방문자들의 다양한 필요들을 돌보고, 개인들이 안고 있는 특별한 영적, 감정적, 육체적 문제들을 돌볼 수 있는가?" 그 질문은 예배에 참석하는 사람들이 찬양과 설교를 통해서 은혜를 받으면서도, 예수 그리스도를 주님과 구주로 영접하거나 특별한 상처나 소망에 대한 도움을 받을 기회를 얻지 못한다는 깨달음에서 비롯된 것이었다.

장로들은 유혹적인 미끼를 덥썩 무는 굶주린 갈색 농어처럼 그 질문을 받아들였다. 그들은 열띤 토론을 벌였다. 그 토론의 결과에는 매주 아침 예배 때마다 장로들이 안수 기도하는 시간이 포함되었다. 그리고 설교 후에 헌신 찬양이 울려 퍼지는 동안 사람들이 앞으로 나오는 초청 시간을 갖자는 계획이 수립되었다.

　장로들은 그들의 사역을 준비하는 중에 다시 한 번 기도하는 방법, 즉 특별한 필요들을 구주의 치유의 능력에 맡기는 방법을 훈련받았다. 첫 번째 주일에 그 계획대로 시도한 결과가 너무나 만족스러워서, 당회에서 각 주일 예배의 말미에 치유를 위한 기도 시간을 갖는 것을 예배 순서의 영구적인 부분으로 만들도록 투표를 통해 결정했다. 지금은 장로들이 여섯 명씩 교대로 설교단 근처 좌석에 앉아 있다가 초청 시간에 앞으로 나오는 사람들을 위해 기도하고 있다.

　대부분의 교회들처럼, 주일 아침 예배에 행하는 것은 교회의 전반적인 사고(思考)와 삶에 영향을 끼친다. 치유 예배들은 사람들의 주의를 그다지 끌지 않고도 한 주 동안의 다양한 시간에 계획될 수 있다. 치유 사역을 주일 아침 예배의 일부분으로 만드는 것은 그 강조점을 그리스도의 몸인 교회의 혈관에 주입시키는 것이다.

　지난 2년 동안 이 치유 사역을 통해서 수천 명이 받은 축복에 덧붙여서, 이제까지 우리를 가장 크게 격려해 주는 사실 중 하나는 장로들의 삶에 일어난 일이다. 그들은 그리스도께서 당장 일으키시는 기적을 보며 기뻐하고 있다. 그러나 목사, 장로 중 어느 누구도 치유자로 격상되지 않았다. 믿음과 치유의 선물은 개인을 선전하기 위해서가 아니라 사람들의 필요들을 위해 주어지고 있다. 주님의 능력은 매주 역사하고 있으며, 그분께만 영광이 돌아가고 있다.

　이 모든 일은 의료 과학의 치료를 배제 하는 것이 아니라 그와 더불어 합력하고 있다. 장로들과 목사들 또는 회중 중에서 다른 사람들을 위해 기도하는 소명을 받았다고 주장하는 사람들도 의학적인 충고를 제공하지 않는다. 우리의 과업은 사람들이 주님과 만날 수 있게 만들어 주고, 오늘날 그분이 사람들을 치유하시는 많은 길들을 확증하는 것이다.

내가 이 책의 처음 몇 장에서 시도한 일은, 주님께서 여러 해 동안 자신의 백성들의 문제들을 치유하시는 능력을 보여 주시는 과정에 어떻게 나를 인도하셨는가를 묘사하는 것이다. 은연중에 밝혔듯이, 이 오랜 세월은 이제 내가 담대하게 제기하는 "안 될 이유가 어디 있는가?"라는 질문에 대한 답으로 나를 인도했다.

우리가 해답을 찾으려고 제기하는 질문들이 있는가 하면, 그 해답에 의해 고무되는 질문들이 있다. 그것은 자기가 어떤 해답을 찾고, 그런 후에 함축된 의미와 적용의 질문을 제기할 때까지 엄밀한 질문들을 제기하는 모든 탐구자들에게 해당된다. "이것이 사실이라면, 그 다음엔 뭐지?" 따라서 그리스도께서 치유를 베풀고 계시다는 사실에 대한 부인할 수 없는 증거에 대한 반응으로 일어나는 나의 질문은 다음과 같다. "그분께서 주시는 온전함, 치유, 그리고 건강을 오늘 체험하지 못할 이유가 어디 있는가?"

그리스도께서 십자가에서 죽으시고 부활하신 이후로, 1세기의 성령의 충만, 그리고 모든 세대에 역사한 그리스도의 치유의 능력을 통해서 '그분이 우리 안에서 어떻게 역사하시는가'의 비결을 발견하는 과정을 거친 후에 제기되는 질문은, 그분이 어떤 일을 행하실 것인가가 아니라 신실한 기도와 우리의 필요들을 맡김을 통해서 기꺼이 그분이 행하시도록 허락하는 바가 무엇인가라는 것이 되어 왔다. 우리의 할 일은 신약성경에서 위대한 의사의 모습을 주의 깊게 관찰하는 것이다. 그분은 십자가에서 우리의 해방자가 되시고, 초대 교회에서 치유를 일으키시고 수행하시는 분이 되셨다. 그분이 치유의 손길을 내미신 사람들의 처지를 깊이 살펴 볼 때, 우리는 오늘날 우리 자신과 다른 사람들을 향한 그분의 치유를 구하고 기도하는 방법을 배우게 될 것이다.

나는 여러분에게 "안 될 이유가 어디 있는가?"라는 질문의 답을 추적하는 모험에 동참할 것을 권유하는 바이다. 그 질문은 나의 삶의 주제이다. 나는 메시지의 말미에 너무나 자주 그 질문을 제기한다. 나는 어려운 문제를 만나고 그리스도께서 해결책으로 인도하실 때, 다시 한 번 그 질문을 제기해야 한다. 나는 스튜어트 박사(Dr. Stewart)의 강의실에서 처음으로 그 질문을 제기했다. 나는 그 이후로 그 질문 제기하기를 멈춘 적이 없다. "정말 안 될 이유가 어디 있는가?"

> 그 탐구는 철저하고, 멈춤이 없고,
> 집요하고, 힘들고, 어려운 것이었습니다.
> 그 해답은 매우 흥미로운 것이었습니다.
> 그것은 무시할 수 없는 진리입니다.
> 의문의 세월은 끝났습니다.
> 의심의 밤들도 끝났습니다.
> 이제는 해답의 새벽이 밝았습니다.
> 부요한 삶이 시작되었습니다.
> 그 해답은 담대한 질문을 야기시켰습니다.

우리의 마음은 뜨겁게 타오르고 있습니다.
위대한 의사가 우리와 함께 계십니다.
그러므로 우리는 "안될 이유가 어디 있는가?"라고 묻습니다.

은사와 은사 수여자

제 3 장

제3장

은사와 은사 수여자

최근에 나는 플로리다 주, 네이플즈(Naples, Florida)에서 설교 사역을 감당하고 있었다. 오전 설교를 마친 어느 날 오후에, 나는 휴식을 취하고 저녁 메시지를 준비하기 위해 호텔 방으로 돌아 왔다. 나는 주님께서 내가 계획한 낮잠과 연구 시간보다 훨씬 더 새로운 힘을 제공해 준 매우 특별한 선물을 나를 위해 예비해 두셨으리라고 기대하지 않았다.

내가 방 안으로 걸어 들어가는데 마침 전화 벨이 울렸다. 듣기 좋은 목소리로 "안녕하세요! 저는 페기 리켈(Peggy Lickel)인데요"라고 말했다. "저를 기억하세요?" 내가 그녀를 기억하고 있다고 말할 기회를 얻기도 전에, 그녀는 퍽이나 유별나고도 비극적이었던 우리 두 사람의 만남을 이야기했다. 그녀는 내가 로스앤젤레스에서 그녀의 시어머니와 시동생을 위해 집례한 이중의 장례식을 상기시켜 주었다. 그 두 사람은 몇 시간 간격으로 사망하였다. 헐리웃 지역에 사는 페기의 또 다른 시동생, 헨리

리켈(Henry Lickel)이 내게 전화를 걸어 사랑하는 두 사람을 잃는 어려운 시기를 맞은 자기 가족을 도와 달라고 부탁했다.

장례 예배는 주님께서 개입하셔서 위로와 힘을 주신 감동적인 시간들 중 하나였다. 그분은 슬픔에 잠긴 가족에게 소망과 용기를 주셨다. 나는 내가 읽은 성경을 통해서, 그리고 내가 사람들과 함께 나누도록 인도하신 생각들을 통해서 파도처럼 밀려 오는 그분의 능력을 체험했다. 사망을 정복하신 그리스도의 승리에 대한 확신이 모두에게 평안과 기쁨을 가져다 주었다. 그분은 그 자리에 임재하사 죽음은 그분께 속한 사람들의 영원한 삶에 있어서 자리를 옮겨간 뿐이라는 확신으로 상처 입은 사람들의 마음을 치유해 주셨다. 페기와 그녀의 가족과 친구들은 그들의 영혼에 하늘나라의 소망을 품은 채로 그 자리를 떠났다. 내가 그녀를 본 것은 그 때가 마지막이었다.

그녀와 그녀의 남편은 장례식이 끝나자 마자 플로리다 주, 사니벨 섬(Sanibel Island)으로 돌아갔다. 그녀는 몇 달 후에 매우 심각한 신장병을 앓고 있다는 진단을 받았다. 어느날 그녀는 포트 마이어스(Fort Myers)에 위치한 병원의 응급실로 달려갔다. 거기서 그녀는 병이 심각하고 희망이 거의 없다는 진단을 받게 되었다.

페기는 조용하고 외로운 그녀의 개인 기도실에서 자기에게 일어났던 일을 숙고하고 그때 그 장례식에서 그리스도의 임재 가운데 체험한 평안이 회복되기를 갈망했다. 그녀는 고통과 그리스도의 임재와 능력에 대한 갈망이 뒤섞인 한 순간에 손을 들고 "주님이시여, 저를 도우소서!"라고 부르짖었다. 그녀가 손을 내려뜨렸을 때, 한 손이 텔레비전 리모트 콘트롤에 떨어져 전원

스위치를 누르게 되었다. 놀랍게도 그녀는 우리 교회의 텔레비전 프로그램, "하나님으로 당신을 사랑하게 하십시오"에 채널을 맞췄다.

그녀가 본 것은 그 프로그램의 마지막 오분 동안이었다. 그녀는 내가 인용한 그리스도의 말씀에 마음을 빼앗겼다. "볼지어다, 내가 항상 너희와 함께 있으리라." "내가 절대로 너희를 떠나지 아니하리라." 페기는 그것이 거의 믿을 수 없는 일이었다고 말했다. 그것은 내가 그 장례식 때 인용한 말씀이었다. 그녀에게 평안을 준 그 말씀은 그녀가 새롭게 맞은 어려운 시기를 위한 말씀인양 반복되었던 것이다.

페기가 계속해서 중요한 사실을 말했는데, 그녀가 두려움에서 벗어났다는 것이었다. 그녀는 병실에서 그리스도의 임재를 느꼈다. 그분은 그녀를 질병의 결과에 대한 긴장감으로부터 해방시켜 주셨다. 그녀가 회복되느냐의 여부는 그녀가 기도에 대한 즉각적인 응답을 체험한 사실에 비교할 때 이차적인 문제가 되었다. 그녀는 그리스도께서 자기에게 필요한 것이 무엇인지를 알고 계심을 확신하고 있었다. 다른 모든 것은 중요하지 않았다. 그녀에게 필요한 것은 위대하신 의사였다. 그분의 사랑이 넘치고 힘을 더해 주시는 임재에 덧붙여 그녀에게 주시는 모든 것은 추가적인 것들일 뿐이었다.

몇 달이 지난 지금, 계속 기력과 건강이 좋아지고 있는 페기의 음성은 힘이 넘치고 그리스도의 기쁨으로 충만했다. 그녀는 네이플즈에서 내가 한 설교를 들으러 오기를 원했다. 그녀는 그렇게 할 수 없게 되어서 내게 전화를 걸었던 것이다. 그녀는 나의 오후를 아니 나의 한 주, 한 달을 즐겁게 만들어 주었다. 나는 일어난 일을 내게 알려준 데 대해 감사를 표했다. 이 글을 쓰고 있는 몇 달이 지난 지금도 그 때의 즐거움은 여전히 남아 있다.

페기의 이야기는 극적이기는 하지만 유별나지는 않다. 사람들이 "주여, 나를 도우소서!"라고 부르짖을 때, 그분은 듣고 응답하신다. 사실상, 나는 그분이 그러한 소원을 일으키시고 자신이 유발하신 기도에 응답해 주시는 것이다.

무엇이 여러분의 문제인가?

여러분과 나의 삶에 지금 당장 위대한 의사의 도움을 구하기 위해 부르짖게 만드는 것이 무엇인가? 육체적 고통, 떠나지 않는 질병, 좌절감을 안겨 주는 문제, 긴장되거나 무너진 관계, 우리를 사로잡고 떠나지 않는 기억, 신경을 괴롭히는 스트레스, 사라지지 않는 근심. 우리 모두는 주님의 손길을 필요로 하고 있다. 여러분의 문제는 무엇인가?

여러분의 필요에, 여러분을 건전한 마음과 몸, 또는 영혼에서 멀어지게 만드는 것에 초점을 맞추라. 그 특별한 필요를 염두에 둘 때, 우리는 예수님께서 행하신 가장 중요한 치유의 기적들 중 하나가 우리에게도 해당될 수 있음을 분명히 알게 될 것이다. 요한복음 5장에 나오는 베데스다 못 가의 불구자의 치유 기사는 위대한 의사에 대한 통찰과 그분의 치유 사역의 방법과 이유—그 때나 지금이나 동일한—에 대한 통찰로 가득 차 있다. 일어난 일과 그 일이 일어난 이유에 대한 예수님의 설명, 그리고 어떻게 그 일이 오늘날 일어날 수 있는가에 대해 살펴 보자.

예루살렘 베데스다 못에서 일어난 광경을 그려 보라. 많은 병자들이 그 못의 다섯 행각에 모여 있었다. 베데스다라는 명칭은 "자비 또는 인애의 집"이라는 뜻을 갖고 있다. 그리고 바로 그 것이 절고, 눈 멀고, 병든 사람들이 자기들에게 베풀어지기를 바란 것이었다. 사람들은 신의 뜻에 따라 정해진 자비의 때에 천사가 못에 내려와 물을 동하게 하고, 물이 동한 후에 먼저 들어가는 자는 어떤 병에 걸렸든지 낫게 된다고 믿고 있었다.

예수님께서는 절기를 지키시러 예루살렘에 오셨을 때 어려움에 처한 사람들이 모인 이곳에 마음이 끌리셨다. 나는 그분이 한 쪽에 서서 그곳에 모인 사람들을 오랫동안 지켜 보시는 모습을 그려 보게 된다. 사랑이 넘치시는 그분이 각 사람의 얼굴을 보셨을 때 느끼셨을 마음의 고통을 느껴 보라. 그분의 눈에 나타난 슬픔을 그려 보라. 그것이 우리로 하여금 때로는 말로 표현하기에 너무 깊은 치유의 갈망 가운데 도움을 요청하게 만들 때, 그분이 여러분과 나를 보시는 방법이다.

그 못가에 있는 병든 사람들 중에서 한 사람이 특별히 예수님의 주의를 끌었다. 그 사람은 38년 동안 병자로 누워 있었다. 상상해 보라! 그는 13,870일을 움직이지 못한 채로 누워 있었던 것이다.

그러나 잠시 동안 요한이 이 사건을 예수님께서 행하신 치유들에 대한 기억 속에서 가장 중요한 것으로 기록하고, 38년이란 기간을 특별히 언급한 이유를 생각해 보라. 나는 종종 요한이 그 못가에서 일어난 이 사건을 기록하는데 특별한 주의를 기울인 이유가, 그 사람이 불구자로 보낸 38년 동안의 세월과 이스라엘 백성이 약속의 땅 가나안에 들어가려던 최초의 시도에 실패한 이후로 광야에서 허비한 38년 동안의 세월 사이의 유사성을 보았기 때문이 아니었을까 하고 추측하곤 한다. 신명기 10:11에 기록되어 있는 최초의 시도의 연대를 주의 깊게 살펴보고, 출애굽한 시간부터 시내산에서 보낸 시간을 고려해 보면 2년 정도가 된다. 그것은 광야에서 보낸 시간이 자주 이야기 되듯이 40년이 아니라 38년이었음을 보여 준다.

여러분은 이스라엘 백성에게 어떤 일이 일어났는지 기억하고 있다. 하나님께서 그들을 애굽에서 건져내 주시고, 홍해를 육지처럼 건너게 하시고, 낮에는 구름 기둥 밤에는 불기둥으로 그들을 인도하시고, 시내산에서 자신의 계획과 목적을 십계명을 통해 계시하셨음에도 불구하고, 그 백성은 가나안에 들어가서 그 땅을 소유하기를 두려워하고 있었다.

여호수아와 갈렙이 그 땅에 젖과 꿀이 흐른다고 정찰 후에 한 보고는 거부되었다. 반면에 적대적인 아낙 군대로 인해 그들은 두려움으로 가득 차게 되었다. 그들은 주님께서 예비하신 자비로운 순간을 멀리하고, 광야에서 38년 동안 방황했다.

지도에서 보면 그 광야 지역은 비교적 좁다. 그것은 그 백성이 하나님의 약속을 믿지 않고 두려워했기 때문에 오랜 기간 동안 광야를 방황했음을 지적해 준다. 그들은 자기들의 소유를 요구할 수 없었던 것이다!

이것은 요한이 그 불구자가 그 못가에서 기다린 시간의 길이를 강조한 사실에 매우 흥미로운 빛을 던져 준다. 아마도 그는 그 남자의 낫고자 하는 의지가 오랜 시간이 지남으로 약해지고 이제는 기적을 바라거나 기대하지 않았음을 지적해 주고 있을 것이다. 오랜 기간 동안의 아픔은 우리를 그렇게 만든다. 우리의 기도가 우리가 바라거나 주님께 말씀드린 대로 응답되지 않을 때, 우리는 참을성을 잃게 되며, 그 다음 희망을 잃게 된다.

온전해지기를 원하는가?

그 불구자의 상황에 대한 이같은 관점은 우리로 하여금 예수님께서 그 사람에게 한 질문을 이해할 수 있도록 도와 준다. "네가 낫고자 하느냐?" 흠정역은 그 질문을 "네가 온전해지고자 하느냐?"라고 번역하고 있다. 예수님께서는 그 사람이 포기했음을 분별하셨을까? 그는 아픈 데 너무 익숙해져서 더 이상 회복을 마음에 그릴 수 없었을까? 불구자로 지낸 세월이 온전해지고자 하는 욕구를 약화시켰을까?

동일한 일들이 오래 지속된 우리의 육체적 불구, 인격적 문제들, 또는 우리 삶 가운데 만나는 까다로운 사람들과의 관계에서 일어날 수 있다. 아마도 우리는 우리에게 상처를 주는 주변의 상황에 익숙해지는 나머지 그 상황이 결코 변할 수 없다고 생각하게 될 것이다. 그리고 우리가 더 이상 변화되기를 바라지 않는 인격 패턴들에 대한 우리의 태도는 어떤가?

"네가 낫고자 하느냐?"라는 예수님의 질문은 우리가 다른 삶을 살 수 있는 가능성에 대해 우리 스스로 갖는 부정적인 진단을 날려 버린다. 우리는 실제로 치유를 바라는가? 우리의 삶의 어떤 영역에 대해 도움을 간절히 바라는 것은 그분의 치유를 받는 필수 조건이다.

베데스다 못가의 그 사람에게는 변명 거리가 충분했다. 물이 동할 때마다 아무도 그가 못 안에 들어가도록 도와주지 않거나 도움을 받은 경우에도 다른 병자가 먼저 물 안에 들어갔기 때문에 치유를 받지 못했다는 것이다. 38년 동안을 그랬다고? 우리는 그 사실에 의문을 품게 된다.

그 사람은 "예, 제가 낫기를 원하나이다"라고 대답하는 대신에, 다른 사람들에게 자기 처지에 대한 책임을 돌렸다. 우선 그는 무력감을 느끼고, 그 다음에 절망감을 느꼈으며, 마지막으로는 분개했다. 분개한 그는 그에게 제시된 가장 커다란 기회의 순간에 응하는 것을 불가능하게 만들었다. 또한 그 사람의 그런 태도는 다른 사람들의 도움 받기를 원치 않는 적대적이고 부정적인 사람으로 만들었을 것이다. 나는 그것이 예수님께서 그에게 관심을 갖게 된 이유 중 하나였으리라고 생각한다. 주님께서는 다른 사람들이 포기한 사람들을 발견하는 방법을 갖고 계신다.

우리의 문제들을 다른 사람들의 책임으로 돌리는 것은 어려움을 배가시킨다. 어떤 사람, 어떤 것이 죄를 뒤집어 쓴다. 종종 우리의 기도가 침체된 순간에 드려질 때, 우리의 필요에 대한 겸손한 고백 보다는 불평으로 가득 차게 된다. 사람들과 삶에 분개할 때, 우리는 그리스도의 영이 우리의 몸과 마음과 감정의 영역들 안으로 들어 오시는 것을 막을 수 있다. 그 막힘은 주님께서 우리의 더 깊은 문제에 개입하시기 전에 주님에 의해 뚫려야 한다. 좋은 소식은 그분이 우리의 마음 주위에 세워져 있는 불평의 피켓 라인(picket line)에도 불구하고 우리와 계속 함께 하신다는 것이다.

베데스다 못가의 병자의 경우에, 예수님께서는 그 피켓 라인을 무너뜨리시고 그의 모든 변명 거리들을 제거하셨다. 그분은 그에게 "일어나 네 자리를 들고 걸어가라"고 명하셨다. 이 권면은 우리에게 어떻게 주님께서 우리를 온전케 하시는가에 관해서 많은 것을 시사해 주고 있다. 첫째로, 그분은 그 사람의 자아상을 변화시키셨다. 일어나라? 걸어가라? 그것은 그가 할 수 없는 일이었다. 그는 자신을 걷는 것은 말할 것도 없고 일어날 수도 없는 무능한 존재로 생각하고 있었다. 주님께서는 그 사람으로 하여금 불가능하다고 생각하는 데까지 압박하셨다. 그분은 그로 하여금 자신이 결코 할 수 없다고 생각한 한 가지 사실에 초점을 맞추게 하셨다. 예수님께서는 자신의 치유의 능력이 그 사람에게 도움을 줄 수 있기 전에 그가 새로운 자아상을 얻어야 함을 알고 계셨다.

어떤 온전함을 원하는가?

다시 우리에게 돌아 와 보자. 여러분의 상황은 어떤가? 우리가 담대하게 주님께 기도할 필요가 있는, 온전함에 대한 새로운 심상이 어떤 것인가? 종종 우리는 기도할 내용과 우리의 필요들에 대해서 간구하는 방법들에 대한 지침을 주시도록 기도할 필요가 있다. 주님께 무엇을 간구할까를 구하면서 묵상하는 시간을 가질 때, 그분은 우리가 우리 자신의 힘으로 할 수 없는 것들로 우리를 인도하신다.

우리 중에는 우리 자신의 능력으로 성취할 수 있는 것들만을 구하는 이들이 많다. 주님께서는 자신만이 우리를 위해, 우리를 통해 행하실 수 있는 일을 가능케 하는 능력을 믿는 모험 안으로 우리를 인도하신다. 그것은 엄청난 일에 도전하거나, 솔선하여 사랑이나 용서를 표현하거나, 해결책이 없어 보이는 문제를 해결하는데 기꺼이 그분을 의뢰하는 것 등이 될 수 있다. 그리고 그것은 발달한 의학에도 불구하고 치유를 받을 수 없는 육체적인 질병이나 불구일 수도 있다. 우리가 상황이 결코 바뀌지 않으리라는 생각에 복종하는 바로 그 시간에, 위대한 의사께서는 자신을 철저하게 의지할 것을 요구하신다.

이제 예수님께서 베데스다 못가의 사람에게 하신 명령의 또 다른 의미를 주목해 보자. "일어나 네 자리를 들고 걸어가라"는 예수님의 도전은 과거와 결별할 필요성을 표현한 것이다. 왜 주님께서는 자리를 들고 가라고 명령하셨을까? 걷는 기적으로 충분하지 않았을까? 그렇지 않다. 예수님께서는 그에게 다시 되돌아갈 여지가 남는 것을 원치 않으셨다. 그 사람은 오랫동안 누워 있었던 그 자리를 떠난 지 몇 시간 후에 다시 그리로 돌아가고 싶다는 유혹을 받았을지도 모른다. 그는 그 물에 이르기 위해 오랫동안 자리를 잡고 기다렸다. 그래서 자기 자리를 포기하지 않으려 했을 지도 모르는 것이다.

우리는 여기서 생각해야 할 바가 무엇인지를 쉽게 알 수 있다. 근심과 염려, 그리고 불평에 대한 의존을 끊어버리는 것은 힘든 일이다. 우리의 상황을 보조해 주는 방법들이 아니라 그리스도를 의지하는 것이 때로 겁나는 일이다. 알지 못하고 시험을 거치지 않는 것들을 의지하기보다는 문제와 어려움을 받아들이는 편이 더 쉬울 수 있는 것이다.

위대한 의사를 의지하는 용기

위대한 의사를 직접 만나고 그분과 풍성한 관계를 갖는 것만이 우리의 문제들을 그분께 맡길 수 있는 용기를 줄 수 있다. 너무나 자주 우리는 우리의 다양한 필요들을 위한 그분의 치유를 받으려면 그에 합당한 믿음을 나타내야 한다고 생각한다. 우리의 삶이 질서 있고 완벽하게 기도를 드리고 철저히 그분을 의지하기만 하면, 그분이 우리에게 주의를 기울이실 것이라고 잘못 생각하는 것이다.

베데스다 못가의 사람은 그의 필요 외에는 가진 것이 하나도 없었다. 그는 주님의 위엄 있는 임재 가운데 그분이 명하신 바를 담대히 행할 수 있었다. 용감히 걸을 수 있도록 그를 자유롭게 해 준 것은 주님께 초점이 맞춰진 하나님의 강력한 치유의 능력이었다.

나는 종종 예수님께서 그 사람에게 일어나 걸으라는 놀라운 명령을 주셨을 때, 그분의 얼굴 모습이 어떠했을까를 그려 보려고 시도해 본다. 나는 그분의 눈이 깊은 사랑과 공감이 뒤섞인 소망과 힘을 전달했다고 생각한다. 그분의 모습 전체가 부드러운 관심으로 빛났을 것이다. 그러나 분명한 것은 그 사람으로 하여금 그분의 권면을 신뢰하게 만든 권위가 있었다는 것이다. 그분의 음성에는 흡인력과 위엄이 어려 있었다.

나는 그 사람이 예수님의 신적 능력의 영향력을 온전히 느끼고, 그의 영혼 안에서 새로운 희망이 싹트고 있음을 지각한 것은 그분의 얼굴을 보았을 때였으리라고 확신한다. 그 때 그는 "난 할 수 있어! 기꺼이 그렇게 할 테야!"라는 주님을 향한 그의 바람과 그를 향한 주님의 바람이 하나가 되었을 때, 치유의 기적이 일어났던 것이다. 그 사람은 38년 만에 처음으로 자리에서 일어나 걸었다. 다음과 같은 단계들을 상상해 보라. 우선 주의

가 주어졌을 것이다. 그리고 그 다음으로 그는 그의 확신이 자람에 따라 놀랍게도 기뻐하며 걸었다.

그 비결은 너무도 명백했다. 그 사람은 자기 자리를 들고 예루살렘을 걸어다니면서 만나는 모든 사람에게 자기가 치유 받은 사실을 이야기했다. 서기관과 바리새인들은 그가 치유받았다는 부인할 수 없는 사실을 목격하고 그의 기쁜 외침을 들은 사람들 중에 속했다. 그리고 그들은 깜짝 놀란 채로 다른 어떤 사실을 지켜 보았다. 그 사람은 안식일에 자리를 들고 다녔다. 그것은 일을 한 것으로 분류된 행동들에 관한 다양한 규례들에 의해 철저하게 금지된 행동이었다. 그 사람은 안식일의 규례를 어기고 있었던 것이다.

우리로서는 엄격한 종교가들인 그들이 그 사람이 안식일 규례를 어긴 사실만을 보고, 분명한 기적을 보고도 기뻐할 수 없었던 것을 상상하기가 어렵다. 그들에게 문제가 된 것은 누군가가 이 사람을 안식일에 치유했다는 사실과 그가 자리를 들고 다닌 사실뿐이었다. 그 지도자들은 이 사건의 배후에 누가 있었는가를 알고 싶어했다. 그래서 그들은 그에게 이렇게 물었다. "너더러 자리를 들고 걸어가라 한 사람이 누구냐?" 우리는 그 사람이 자기 몸을 놀랍게 치유한 사람이 누구인지를 몰랐다는 데 놀라지 않을 수 없다.

더 크고 깊은 치유

주님도 이 문제에 관심을 갖고 계셨다. 그것이 그분이 더 크고 깊은 치유를 이루려 하신 이유였다. 우리는 그 사실로부터 그분이 오늘날 우리를 어떻게 온전케 하시는지에 대한 또 한가지 비결을 배우게 된다. 그분은 그를 찾으셨을 때 그를 위해 몇 가지 중요한 일을 행하셨다.

첫째로, 주님께서는 그 사람에게 새로운 자아상을 심어 주셨다. 그분은 그가 치유받은 사람임을 확증해 주셨다. 그는 더 이상 자기를 연약한 불구자로 여기지 말아야 했다. 그분은 열심히 그를 격려하며 이렇게 말씀하셨다. "보라 네가 나았으니." 주님께서는 그 사람과 함께 치유의 기쁨을 나누셨다. 그분은 자신의 손길을 통해 치유의 능력이 역사했음을 인해 감사하고 그 사람과 기쁨을 함께 나누셨던 것이다.

둘째로, 주님께서는 그 사람의 온전함에 관심을 갖고 계셨다. 그분은 그의 육신적인 불구가 치유 된 것이 그가 체험하게 되기를 바라신 온전함의 시작에 불과함을 알고 계셨다. 예수님께서는 그의 더 깊은 필요들을 민감하게 살피시고 그에게 이렇게 말씀하셨다. "더 심한 것이 생기지 않게 다시는 죄를 범하지 말라."

이것이 주님께서 그 사람으로 하여금 38년 동안 불구로 지내게 만든 어떤 죄를 말씀하신 것인가? 그럴 수도 있었을 것이다. 하지만 주님의 말씀에는 그 이상의 의미가 담겨져 있다. 하나님을 거역한 인류의 근본적인 문제를 직시하고 치유하시도록 세상에 보내심을 받으신 메시야이신 그분은, 이 사람의 몸을 치유하는 것은 자신이 부여하고 가능케 하실 수 있는 온전함의 시작에 불과함을 분별하고 계셨다. 주님께서는 그가 다리의 치유를 초월하여 그의 본성 전체의 치유를 필요로 하고 있었음을 알고 계셨다. 그의 마음은 찬양과 순종을 표현할 수 있도록 재조정될 필요가 있었다.

　그 사람은 이 두번째 만남 이전에 자기를 치유하실 수 있었던 그분이 누구신가를 몰랐을 뿐 아니라 자기가 받은 치유의 선물을 인해 하나님을 찬양하지도 않았음을 주의 깊게 주목하라. 그것은 그가 치유받기 이전과 이후의 죄의 본질을 지적해 준다. 그는 고통에서 해방된 후에도 그분을 찬양할 줄을 몰랐던 것이다.

　우리는 하나님의 도우심을 진정으로 요청함이 없이 변화를 겪고 있는 사람의 모습을 대하게 된다. 그 사실은 예수님께서 그에게 낫고자 하느냐고 물으셨을 때 그가 한 대답에 나타나 있다. 만일 하나님이 치유를 받으려는 그의 희망의 근원이었다면, 분명히 그는 그것을 자기가 그렇게도 끈질기게 베데스다 못을 찾아 온 이유로 밝혀야 했을 것이다. 오히려 앞서 살펴 보았듯이, 그는 자기를 돌봐 주지 않은 사람들에 대해 불평을 늘어놓았다. 그는 그 못의 동하는 물의 마술적인 힘을 믿고 있었다. 만일 그가 그의 필요들을 채워 주시는 하나님의 영을 갈망하고 있었다면, 예수님께서 정말로 낫고자 하느냐라고 예리하게 물으셨을 때 그렇게 고백하지 않았겠는가?

예수님께서 주시고자 했던 온전함

　예수님께서 그에게 주시고자 했던 온전함은 그분이 모든 사람에게 그렇게도 긴박하게 명하신 것이었다. 하나님께 대한 완전한 신뢰, 그분과의 인격적 교제, 기꺼이 그분의 사랑과 용서를 받아들이는 것이 그것이다. 그 반대는 1장에서 정의한 죄, 즉 표적을 빗나가는 것, 하나님의 교제로부터 분리되는 것, 그리고 우리 자신의 힘으로 인생의 갈등을 견뎌내려는 것이다. 다른 모든 죄가 그 뿌리로부터 나온다. 예수님께서는 그 사람에게 하나님으로부터 분리되는 근본적인 죄로부터 "더 심한 것"이 생기게 될지도 모른다고 경고하셨다. 그가 당장 하나님의 사랑을 놓친다면, 하나님을 떠난 동일한 상태로 영원을 보내게 될 것이다. 이것이야말로 정말 더 심한 것이 아니겠는가?

　요한은 예수님과 그 사람의 대화를 자세히 기록하지 않았다. 그러나 그는 처음 베데스다 못가에서 그에게 일어난 일뿐 아니라 두 번째 예수님과의 만남까지를 기록하고 있다. 예수님께서는 요한복음 7:23에서 이렇게 말씀하셨다. "사람의 전신을 건전하게 한 것." 흠정역은 이 말을 "내가 그 사람의 모든 부분을 온전하게 만들었다"라고 번역하고 있다. 헬라어로 그 말씀은 "내가 전인을 온전하게 만들었다"(I made a whole man, whole)라는 뜻이다. 그 말씀은 그의 마음을 치유한 것 이상을 지적하고 있다. 육신적 치유뿐 아니라 완전한 영적, 감정적, 의지적 치유가 철저하게 인격적인 대화를 통해서 성취되었다. 주님께서는 그 사람의 본성의 모든 부분, 그의 자신과 하나님에 대한 생각의 상호 관계, 그리고 그의 미래의 육신적, 영적 건강에 관해 관심을 갖고 계셨다.

　요한은 예수님과 그 사람의 대화를 간략하게 언급했다. 나는 두 사람이 대화하는 모습을 눈에 띠지 않은 채로 지켜 보면서 잠잠히 그 대화의 내용을 들을 수 있었으면 하고 바란다. 그러나 예수님께서 니고데모나 우물가의 사마리아 여자와 나누신 대화처럼 그 내용이 더 상세하게 기록된 대화들을 검토할 때,

우리는 그분이 이 사람의 더 깊은 필요들을 성취시켜 주시고, 성부 하나님의 마음으로부터 자신을 통하여 그의 전인(全人)에게로 흘러 들어간 예수님의 무한적인 사랑으로 그를 인도하셨음을 확신할 수 있다.

놀라운 사실은 주님께서 오늘날도 계속해서 그런 종류의 교제를 우리와 나누시기를 원하신다는 것이다. 그분은 우리의 필요와 더불어 시작하시고, 계속해서 우리의 삶의 모든 영역으로 들어 오신다. 그분은 치유가 필요한 우리의 육신적, 영적, 감정적, 관계적 필요들을 도와 달라는 우리의 요청을 귀하게 여기신다. 그러고 나서 그분은 그것을 우리의 인격과 성품의 전 영역에 대한 소유권을 주장하시는 발판으로 사용하신다. 그분은 임마누엘, 즉 우리와 함께 하시는 하나님으로서 부여받으신 권세로 그렇게 하신다.

나는 예수님께서 온전하게 하신 그 사람이 바리새인들에게 돌아가서 자기를 치유한 사람이 누군가를 말한 사실을 인해 감사드린다. 자기를 치유한 사람에 대한 그의 증거는 더 이상 일반적인 사실이 아니었다. 이제 그는 그들에게 자기를 치유한 사람이 예수님이셨음을 단도직입적으로 말했다. 그것은 유대 지도자들과 주님 사이의 공개적인 갈등을 불러 일으켰다. 그것은 피할 수 없는 일이었다. 그 논쟁에서 예수님께서는 담대하게 자신의 치유의 능력의 비결을 선언하셨다. 그분이 말씀하신 바는 오늘날도 동일한 그리스도를 통해 우리에게 주어지는 치유를 이해할 수 있는 든든한 기초가 된다. 그분은 그 존재와 행위를 통해서 오늘날에도 계속 우리의 삶에 역사하시는 것이다.

치유자: 하나님 자신

예수님께서 자신의 사역에 대해서 설명하신 내용 중에서 유대인들을 성나게 만든 것은 우리를 계몽해 주고 격려해 주는 근원이 된다. 그분은 사역과 능력과 권세에 있어서 자신이 하나님과 동등하시다는 사실을 단호하게 단언하셨다. "내 아버지께서 이제까지 일하시니 나도 일한다"(요 5:17). 태초 이후로 표현된 창조와 섭리에 있어서 성부와 성자 사이의 협력이, 이제는 지상에 성육신 하신 성자의 사역을 통해서 계속되고 있었다. 그것이 그 사람이 치유를 받은 이유였다.

예수님께서는 계속해서 자신의 전능한 사역 모두가 성부의 인도와 명령 하에 있다고 선언하셨다.

> 그러므로 예수께서 그들에게 이르시되 내가 진실로 진실로 너희에게 이르노니 아들이 아버지께서 하시는 일을 보지 않고는 아무것도 스스로 할 수 없나니 아버지께서 행하시는 그것을 아들도 그와 같이 행하느니라 아버지께서 아들을 사랑하사 자기가 행하시는 것을 다 아들에게 보이시고 또 그보다 더 큰 일을 보이사 너희로 놀랍게 여기게 하시리라 아버지께서 죽은 자들을 일으켜 살리심 같이 아들도 자기가 원하는 자들을 살리느니라(요 5:19-21)

예수님께서는 그렇게 말씀하시는 가운데 모든 생명의 근원이신 성부께서 자신에게 새 생명을 전가하는 능력을 맡기셨다고 선언하셨다.

예수님께서는 나중에 요한복음 10:10에서 앞의 선언처럼 경외심을 일으키는 말씀을 하셨다. "내가 온 것은 양으로 생명을 얻게 하고 더 풍성히 얻게 하려는 것이라." 그분은 하나님께서 처음 의도하셨던 생명을 계시하셨다. 그리고 죄와 사망 가운데 드러나는 생명의 원수들을 패배시키시기 위해 십자가를 지셨고, 우리에게 "내가 살았고 너희도 살겠음이라"는 사실을 확신시키시기 위해 죽음에서 부활하셨다.

그리스도께서 우리를 대상으로 계속 행하시는 사역은, 우리의 영생의 국면에 있어서 우리의 연수에 생명을 더하시고, 생명에 연수를 더하시며, 우리가 육신적인 죽음을 맞이하는 시점에 우리의 내적인 영적 자아가 하늘에서 끝없이 존재할 수 있도록 들어 올리시는 것이다. 그분은 우리가 이생과 내생에 온전히 잠재력을 발휘하며 살도록 도움을 베푸시는 데 관심을 갖고 계신다. 그것이 하나님께서 그분께 맡기신 일이다. 그분이 여러분과 나를 온전하게 만드시기 위해 우리의 삶 가운데 행하시고자 하는 바는 하늘과 땅의 모든 권세로 우리를 후원하시는 것이다. 그리스도 안에서 하나님의 치유하시려는 마음과 우리의 상처들이 만나게 되는 것이다.

이 모든 사실이 그날 유대인들과 토론하시는 중에 하신 말씀에 요약되어 있다. "내가 진실로 진실로 너희에게 이르노니 내 말을 듣고 또 나 보내신 이를 믿는 자는 영생을 얻었고 심판에 이르지 아니하나니 사망에서 생명으로 옮겼느니라"(요 5:24). 오늘 그리스도를 믿는 것은 우리가 결코 다시 하고 싶지 않은 네 가지 일들로부터 우리를 해방시켜 준다.

1. 우리는 우리가 주님께 갖는 가치에 대해 의문을 제기할 필요가 없다. 그분은 우리를 찾으시기 위해 임하셨고, 지금도 임하신다. 그분을 우리가 자신을 부르기 오래 전에 우리 안에 역사하사 자신을 알고 싶어 하게 만드시고, 자신의 사랑과 용서와 치유를 받아들이게 만드셨다.
2. 우리는 우리 자신을 의롭다할 필요가 없다. 그분은 갈보리에서 우리와 자신의 관계를 바르게 만드셨다. 그 사실을 믿고 그분을 의지하는 능력은 그분의 선물이다.
3. 주님께서 사랑하시고 귀히 여기시는 백성인 우리는 그분이 우리에게 관심을 갖고 계시다는 사실에 대해 의문을 제기할 필요가 없다. 그분은 우리와 함께 계시며, 우리가 우리의 모든 필요를 그분께 맡길 때 우리를 도우실 것이다.
4. 우리는 미래에 관해 염려할 필요가 없다. 여호와 샴마―여호와께서 거기 계신다―께서 우리보다 앞서 가시며 그 길을 예비하실 것이다. 주님께서는 우리 안에 살아 계신다. 그분은 우리 안에서 우리의 몸에 치유의 능력을, 우리의 마음에 지혜를, 우리의 감정에 자신의 영의 열매를, 그리고 우리의 문제와 곤경을 극복할 수 있는 능력을 주신다.

여러분의 선물을 구하고, 여러분의 기업을 누리라

우리의 유일한 의무는 이미 우리의 기업이 된 것을 구하는 것뿐이다. 스스로를 의롭다하는 종교는 그리스도께서 지금 제공하시는 바를 미래로 연기시키는 경향이 있다. 나는 오바댜와 바울이 우리의 기업을 누리고 우리의 소유가 된 모든 것을 받아들이라고 권면한 방법을 좋아한다. 그 두 사람은 800년의 간격을 두고 살았지만 동일한 격려의 메시지를 전달했다. 오바댜는 메시아에 대한 약속의 메시지를 예언하였으며, 바울은 그 약속을 통해서 우리에게 제공된 영광을 반영했다. "오직 시온산에서 피할 자가 있으리니 그 산이 거룩할 것이요 야곱 족속은 자기 기업을 누릴 것이며 야곱 족속은 불이 될 것이요 요셉 족속은 불꽃이 될 것이요 에서 족속은 지푸라기가 될 것이라 그들이 그들 위에 붙어서 그들을 사를 것인즉 에서 족속에 남은 자가 없으리니 이는 여호와께서 말씀하셨음이라"(옵 1:17−18). 주님께서 행하신 두 가지 일을 주목하고, 그 다음으로 우리가 그 반응으로 자유롭게 행할 수 있는 한 가지 일에 주목하라. 우리는 예언된 그 구원을 갈보리의 이편에서 이해한다. 우리는 악과 죄의 권세로부터 구원받았다. 그리고 그 결과로 거룩이 초래된다. 거룩은 주님께 속하고 그분을 닮는 것을 의미한다. 그 과정은 우리의 삶의 모든 측면에 제공되는 온전함을 깨닫는 것이다.

그렇다면 그 기적에 있어서 우리가 차지하는 역할이 무엇인가? 단순히 우리의 기업을 누리는 것이다. 기업이라는 말은 그리스도의 삶과 죽음과 부활, 그리고 우리 안에 거하심을 통해 이뤄지는 구원에 비추어 해석할 때 놀라운 의미를 갖게 된다. 그분은 우리의 주님이시자 치유자이시다. 그리고 우리는 그분을 통해서 질병과 인생의 곤란과의 싸움에서 승리할 수 있는 힘과 용기를 구할 수 있다.

그리스도께서는 이 세상의 죄의 권세보다 훨씬 위대하시다. 우리는 그리스도의 이름을 통해서 그분의 승리를 구할 수 있다. 우리는 홀로 씨름할 필요가 없다. 그리고 그 비결은 우리의 기업—그리스도, 그분의 치유의 능력, 철저하게 그분을 의지하는 믿음의 선물, 순간순간마다 그분이 주시는 소망 —을 누리는 것이다.

이제 우리가 그리스도께 속했기 때문에 우리의 기업이 된 모든 것에 대한 바울의 말을 살펴 보자. "…만물이 다 너희 것임이라…세계나 생명이나 사망이나 지금 것이나 장래 것이나 다 너희의 것이요 너희는 그리스도의 것이요 그리스도는 하나님의 것이니라"(고전 3:21-23). 모든 것이 우리 것이다. 아들에게 주어졌던 아버지의 사랑이 이제는 우리에게 초점이 맞춰지고 있으며, 그분을 통해 우리에게 부어지고 있다. 그리고 그 사실을 아는 우리는 이 세상에서 살아가는 동안 현재나 미래에 일어날 모든 일을 두려움 없이 직시하며 살아갈 수 있다.

승리하는 삶: 이제와 영원히

만물이 다 우리 것이라는 바울의 확신은 그리스도의 도우심에 대한 확신과 짝을 이루고 있다. 우리는 유다의 말에서 인생의 역경 중에서 승리하는 삶을 살 수 있는 공식을 대하게 된다.

> 능히 너희를 보호하사 거침이 없게 하시고
> 너희로 그 영광 앞에 흠이 없이
> 기쁨으로 서게 하실 이
> 곧 우리 구주
> 홀로 하나이신 하나님께
> 우리 주 예수 그리스도로 말미암아

> 영광과 위엄과
> 권력과 권세가
> 영원 전부터 이제와 영원토록 있을지어다 아멘
> (유 1:24-25)

그 찬양의 "이제와 영원"의 차원들을 간과하지 말라.

그리스도께서는 우리가 육체적, 영적 어려움에 처할 때 낙심과 의심에 빠지지 않도록 보호하시기 위해 우리에게 임하신다. 우리는 그분의 대속의 죽음 때문에 흠없고, 죄없고, 의롭다는 선언을 받았다. 그분이 우리와 함께 하심을 통해서 우리는 더 이상 무력하거나 절망적이지 않다. 그리고 그분이 지금 우리 안에서 이루고 계시는 온전함은 그분이 우리와 함께 죽음의 그림자가 드리워진 골짜기를 통과하시고, 기뻐 찬양하는 하늘의 무리 안으로 우리를 인도해 들이실 때 완성될 것이다.

나는 대부분의 신자들이 믿음의 삶으로부터 너무나 작은 것을 기대하고, 그것에 만족하고 있는 데 끊임 없이 놀라게 된다. 우리는 엄청난 기업을 무를 상속자들임에도 불구하고 영적인 빈민들처럼 살고 있다. 그러나 우리는 곤란에 처할 때, 우리의 빈약한 자원에 매달리다가 마침내 이미 우리의 소유가 된 것을 끌어들이기 시작한다.

텍사스에 사는 내 친구가 자기 기업을 누리기를 거부한 텍사스의 한 가족의 이야기를 해준 적이 있다. 그들은 건조하고 메마른 좁은 땅에서 거의 빈곤하다고 할만한 수준의 생활을 이어가고 있었다. 그들에게 물려진 목장에서 근근히 살아가는 것은 어려운 일이었다. 어느날 한 석유 회사의 대표자가 그 땅을 구매하는 대가로 막대한 액수의 돈을 지불할 것을 제의하였다. 시험 결과에 따르면 그 땅에서 석유가 나올 가능성이 매우 높았다. 그런데 그 가족의 아버지가 그 제의를 거부하였다. 그는 이렇게 도전적으로 말했다. "우리 가족은 대대로 이 땅에서 살았습니다. 석유는 과거에도 없었고, 미래에도 없을거야!" 그와 그 가족은 그가 죽을 때까지 계속 가난하게 살았다. 그러고 나서 그 자녀들이 자유롭게 그 땅을 팔아 내내 자기들의 기업이었던 것을 손에 넣었다. 우리는 우리의 영적 축복을 구하지 않는 면에서 너무나 자주 그 남자와 같다.

주님께서는 베데스다 못가의 사람에게 물었던 것을 우리에게도 물으신다. "네가 낫고자 하느냐?" 우리가 "예, 주여. 이제와 영원토록!"이라고 응답하면, 그분은 신실하게 우리를 치유하신다. 우리에게 무엇이 필요하든 간에, 그분은 우리의 말을 받아들이신다. 그분은 우리의 복종을 진지하게 취급하신다. 그분은 사랑과 용서로 우리를 영적으로 치유하신다. 그분은 우리의 무능한 태도들을 변화시키시고 우리의 마음에 자신의 치유의 영을 불어넣으신다. 우리에게 가장 필요한 것은 위대한 의사와의 관계이다.

어느 주일날 아침 캘리포니아 벤투라(Ventura, California)에 사는 중년 부부, 모리스(Morris)와 수 폴크너(Sue Faulkner)는 헐리웃에 있는 우리 교회까지 50여 마일을 여행했다. 그들은 그 전에도 우리 교회에 출석했었다. 그는 다른 지역 출신인 친구와 우리 교회 예배에 출석한 적이 있었는데, 그 결과로 자기 아내에게도 함께 출석할 것을 권유했던 것이다.

주님께서는 예배 중에 선포된 말씀뿐 아니라 그들이 사람들에게서 느낀 사랑을 통해서 그들에게 말씀하셨다. 우리가 서로 인사를 나누는 동안, 그들은 따뜻한 영접을 받았다. 예배시 앞으로 나와서 장로들과 함께 기도하는 예배 끝부분의 초청 시간은 그들이 체험한 가장 감동적인 부분이었다. 그들은 다른 사람들이 기도하기 위해 설교단 앞으로 나오는 모습을 보고 마음속에 깊은 감동을 느꼈던 것이다.

그 초청은 그리스도를 구주로 영접하고, 그들의 문제와 난처한 일들을 그분께 맡기며, 다음 한 주의 인도하심을 구하고, 육신적 영적 필요들을 치유하시는 그리스도를 의지하려는 사람들을 위한 것이다. 그 부부는 그들의 삶을 그리스도께 맡기고 그분이 그들의 모든 문제들을 치유하시는 위대한 의사이심을 알 필요를 느끼게 되었다. 그러나 그들 중 어느 한 사람도 앞으로 나가자고 권유하려 들지 않았다.

그들은 벤투라의 집으로 가는 동안 초청 시간이 주어졌을 때 느꼈던 바를 함께 나눴다. 그들은 그 예배가 자기들의 삶에 끼친 영향력을 기뻐하고 인격적인 돌봄을 받을 기회가 있었음을 인정했다.

그들은 다음 주일에 다시 교회에 가야 한다고 결심했다. 이번에는 시각 장애가 있는 딸을 데리고 말이다. 그들은 자기들이 전 주에 느꼈던 하나님의 능력의 손길을 느낄 수 있을까 궁금했다. 다시 예배 끝부분에 초청 시간이 주어졌다. 이번에는 남편과 아내가 서로를 격려했다. 그래서 그들이 앞으로 나아가기 위해 자리에서 일어섰을 때, 놀랍게도 그들의 딸이 이렇게 말했다. "저도 가고 싶어요." 그들은 함께 장로 중 한 사람을 향해 걸어갔다. 그 장로는 우연히도 맨 처음부터 나의 치유 사역을 충실하게 도와 온 프레드 그레이스톤(Fred Grayston)이었다. 프레드는 그 때 일어난 일을 이렇게 묘사하고 있다.

11시 예배가 끝날 때, 나는 성소 앞에서 가까운 복도 가까운 자리에 앉아 있었습니다.

목사님이 사람들에게 앞으로 나와 그리스도를 영접하라는 말씀과 더불어 초청 시간을 주셨습니다. 장로들과 함께 기도하려고 나온 사람들이 많았습니다. 그날 아침 저는 당번이 아니었습니다. 하지만 자기 차례를 기다리는 사람들이 많아서, 저는 도움을 제공하러 앞으로 나갔습니다. 그런데 바로 그 때 그 가족이 제게로 나아왔습니다.

그들은 세 사람—남편과 아내와 딸—이었습니다. 그들은 벤투라에 살았는데, 종종 우리 교회의 텔레비전 프로그램 "하나님으로 당신을 사랑하게 하십시오"를 종종 본 적이 있다고 합니다. 그들은 목사님이 초청 시간을 제공하셨던 지난 주를 포함해서, 우리 교회 예배에 몇번 참석한 적이 있었습니다. 나는 그들에게 그리스도를 주와 구주로 영접하고 싶으냐고 물어 보았습니다. 그들은 눈물을 흘리며 분명히 그렇다고 대답하고 서로를 얼싸안으며 눈물을 흘리는 것이었습니다. 저도 그들을 얼싸 안고 그들과 함께 기도했습니다.

그들은 내게 지난 주일 집에 돌아가던 도중에 예배가 준 놀라운 느낌과 따뜻함, 그리고 그들의 공허한 삶을 채우기 위해 그리스도께 헌신하라는 도전에 대한 느낌에 관해서 대화를 나눴다고 말했습니다. 그들은 서로에게 다시 예배에 참석하고, 초청 시간이 제공되는 경우에는 꼭 앞으로 나가자고 말했습니다.

그래서 이번 주일 초청 시간이 주어졌을 때, 그들은 서로를 팔꿈치로 찌르면서 "갑시다"라고 말했습니다. 그리고 그들은 앞으로 나갔습니다. 그리고 그 남편과 아내뿐 아니라 그 딸까지 그렇게 했던 것입니다.

나는 그들이 새로 발견한 믿음을 고백하는 것을 들었습니다. 그리고 내가 그들과 잠시 동안 기도했습니다. 나는 그렇게 기쁘고, 감격하고, 눈물을 많이 흘리는 가족을 본 적이 별로 없습니다. 그 사람은 미소를 지으면서 "우리는 마침내 해냈습니다!"라고 말했습니다.

로이드 목사님, 그들의 삶 가운데 역사하신 성령의 역사에 덧붙여서 여기서 중요한 요소는 초청이었습니다. 나는 매 주일마다, 하나님께서 이러한 믿음의 단계를 취할 준비를 갖춘 사람에게 역사하심을 확신합니다. 그러므로 우리는 그 기회를 제공하는 일을 결코 무시하지 말아야 합니다.

그 부부, 그리고 그들의 딸(Susan)은 그 이후로 세례를 받고 우리 교회의 구성원들이 되었다. 우리는 그 남자의 회사 본부가 벤투라에서 왁스(Oaks)로 옮기게 되어, 그 결과로 그 가족이 헐리웃에 40여분 더 가까운 곳으로 이사 와서, 교회 활동에 적극적으로 참여할 수 있게 된 데 대해서 감사를 드리고 있다.

우리 교회의 심방과 상담 목사인 랄프 오스본(Ralph Osborne)은 자기들의 길을 가던 중에 교회에 등록한 이 가족에 관심을 갖고 그들이 어떻게 처음으로 우리 교회로 인도되었는지를 물었다. 그 남자는 랄프 오스본에게 다음과 같은 편지를 썼다. 나는 그 내용을 여러분과 나누고 싶다. 그 편지는 선물을 주시는 분이 자신의 선물을 주시기 위해서 사람들을 자신에게로 이끄시는 놀라운 방법을 보여 주고 있기 때문이다.

랄프 목사님께

제 아내와 딸, 그리고 저를 환영해 주신 목사님의 편지에 감사를 드립니다. 목사님은 제게 무엇이 우리를 목사님 교회로 이끌었는가를 물으셨습니다. 그 일은 이런 과정을 통해서 일어났습니다.

테네시, 룩아웃 마운틴(Lookout Mountain)에 사는 테드 호프(Ted Hope)는 제가 어떤 이유에서인지 항상 거리를 둔 옛 친구입니다. 우리의 우정이 어려운 시험과 역경의 시기를 견뎌냈음에도 불구하고 말입니다. 우리는 사업상 서로 돕는 처지에 놓이곤 했습니다. 나는 테드의 사업적 재능을 존중하고 칭찬합니다. 하지만 테드가 다른 사람들보다 두각을 나타낸 요인에는 그가 받은 훌륭한 교육과 그의 타고난 재능 이상이 있습니다. 그는 넘치는 활기 말고도, 사업 세계의 다른 많은 사람들에게서는 찾아볼 수 없는 내적인 빛을 소유하고 있는 것처럼 보입니다.

지난 해 어느날엔가 테드가 사업차 비행기를 타고 로스앤젤레스로 날아 왔습니다. 그는 호텔에서 내게 전화를 해서 벤투라에 있는 우리 집에서 상당히 떨어진 헐리웃에서 아침겸 점심을 같이 하자고 저와 제 아내를 초대했습니다. 저는 기꺼이 초대에 응했습니다. 제 아내는 집에서 밀린 일을 하겠다고 했습니다. 저는 그에게 다시 그를 만나게 되어 기쁘다고 말했습니다. 그러자 그는 이렇게 말했습니다. "내게 더 좋은 생각이 있어. 나와 함께 교회에 가서 함께 예배를 드린 후에 식사를 하면서 옛 시절을 회상하면 어떨까?" 나는 웃으면서 이렇게 말했습니다. "테드, 내가 자네에게 교회가는 길을 가르쳐줄 필요가 없지 않은가? 내가 교회에 다니지 않는 줄 자네는 알고 있을텐데. 나는 불가지론자인 데다가, 여러 해 동안 교회에 가지를 않았다네."

테드는 경쾌한 목소리로 이렇게 말했습니다. "글쎄. 그렇다면 되었네. 하지만 내 생각으로는 자네가 좋아할 것 같군. 나는 그 교회 목사님을 알고 있는데, 두 사람이 서로 인사를 나누면 좋을 것 같아." 나는 내가 그 교회에 가는 것이 그 교회에 별로 덕이 되지 않을 것이라고 말하면서 사양했지만, 그는 열심히 나를 설득했습니다. 나는 아내의 놀라는 표정을 뒤로 하면서 이렇게 말했습니다. "좋아. 테드. 그렇게 하는 것이 자네를 기쁘게 한다면, 자네와 함께 교회에 가겠네. 언제 어디서 만날까?"

우리는 주일날 아침 9시 15분에 만나기로 했습니다. 저는 친구가 도착하기를 기다리면서 헐리웃의 고워 가(Gower Street, Hollywood)에 위치한 제일장로교회 앞에 서 있었습니다. 저는 제가 거기서 무엇을 하고 있는가, 그리고 왜 그와 함께 그곳에 오기로 했는가를 생각하고 있었습니다.

갑자기 그가 얼굴에 미소를 지으며 나타났습니다. 우리는 인사를 나누고 안으로 들어 갔습니다. 잠시 후에 예배가 시작되었습니다. 그리고 나는 성가대가 찬양을 드리고 오르간이 음악을 연주하고 목사님과 로이드 목사님이 예수님과 그분의 아름다운 사랑의 이야기를 쏟아놓기 시작했을 때 마음속에서 감정이 복받쳐 오름을 느꼈습니다. 저는 스스로를 주체하기가 힘들었습니다. 저는 제 모습이 사람들 눈에 특별히 띠지 않는다면, 다시 찾아 오겠다고 하나님께 마음속으로 약속했습니다. 그분은 그렇게 해주셨습니다. 그리고 저와 제 친구는 식사를 하며 즐거운 시간을 가졌습니다.

저는 제게 일어난 일을 아무에게도 말하지 않았습니다. 저는 예배가 마친 후에 문 앞에서 로이드 목사님과 인사를 나누었을 때, 그의 꿰뚫어 보는 듯한 눈과 제 눈이 마주쳤던 순간을 절대로 잊지 못할 겁니다.

저는 예수님이 하나님이심을 알고 그 교회를 떠났습니다. 저는 예배 시간 내내 그분을 생각했습니다. 저는 약속을 지켰습니다. 그 이후로 여러 차례 예배에 참석했던 것입니다. 제 아내와 저는 예수 그리스도를 우리의 개인적인 구주로 영접했습니다. 그리고 이제 우리는 그분의 뜻을 따르려고 애쓰는 신출나기 그리스도인들입니다.

우리가 우리 마음을 그리스도께 드린 이후로 너무나 많은 놀라운 축복들이 우리에게 베풀어졌기 때문에, 여기서 그것들을 모두 말씀드리기는 어려울 것 같습니다. 특히 제 딸에게 일어난 일들은 더 그렇습니다. 우리는 최근에 하나님께서는 수많은 치유의 방법들을 갖고 계신다는 사실을 배우게 되었습니다. 우리 딸의 경우, 하나님께서는 특별히 제작된 콘택트 렌즈를 통해서 그 아이의 시력을 크게 향상시켜 주셨습니다. 그리고 그것은 그 아이의 학습 능력을 개선시켜 주고, 좌절감을 극복할 수 있게 해 주었습니다. 그 결과로 그 아이는 독립 생활을 준비할 수 있도록 계획된 성인 프로그램에 참여할 수 있게 되었습니다.

우리는 이 모든 일을 인해 주님께 영광을 돌립니다. 우리가 그분의 능력과 사랑의 증인들이 되었습니다. 그리고 세례를 받고 교회에 등록하게 되었습니다. 우리가 계속 성령 충만하게 됨에 따라서 우리 삶에 어떤 일이 일어날 수 있는지 상상해 보십시오.

우리는 또한 그리스도 없이 이 어두운 세상에 버려져 있는 우리에게 기꺼이 손길을 내미는 테네시의 테드 호프 같은 친구를 주신 하나님께 감사를 드립니다. 저는 테드 같은 그리스도인들이 더 많아지기를 바랍니다.

이 사람의 이야기는 다양한 관점에 생각해 볼 때, 선물과 선물을 주시는 그리스도를 나눌 수 없다는 사실을 재확신시켜 주었다.

그러므로 우리는 다음 장에서 주님과 어떻게 접촉할 수 있는가로 주의를 환기시킬 것이다. 그 때 비로소 우리는 그분이 나를 위해서 행하신 바와 우리에게 베푸시는 바를 구할 수 있을 것이다. 우리가 그분께 행하실 바를 말씀드려야 한다는 생각을 버릴 때, 그분께서 행하시는 바는 대개 우리가 기대하는 바를 훨씬 초월한다.

> 왕으로 오시는 주님께
> 많은 간구를 드립니다.
> 주님의 은혜와 능력이 충만하므로
> 아무리 많은 것을 구하여도 지나치지 않으리!
> ― 존 뉴턴(John Newton)

치유가 필요할 때
스스로 기도하는 법

제 4 장

제4장

치유가 필요할 때 스스로 기도하는 법

　혼잣말을 해본 적이 있는가? 물론, 우리 모두는 혼잣말을 한다. 그것은 일종의 생각이다. 우리 모두의 내부에는 우리 자신과 더불어 이어지는 끊임 없는 대화가 존재한다. 그러한 깊은 인격적인 대화를 통해서 우리는 우리에게 일어나는 것을 걸러 내고, 우리의 감정을 완화시키며, 우리 앞에 놓인 도전이나 기회에서 하게 될 말이나 행동을 리허설한다.

　우리가 하는 말이 다른 사람에게 들리지 않는다고 생각할 때, 우리의 대화는 들을 수 있는 것이 된다. 만일 누군가가 우리 안에서 일어나는 대화를 듣는다면, 그것은 매우 당혹스러운 일이 될 것이다. 사람들은 큰 소리로 혼잣말을 하기 시작할 때, 그것이 우리가 나이든 증거라고 말하곤 했다.

　며칠 전 아침, 나는 옷을 입는 동안 혼잣말을 하고 있었다. 나는 그날 아침에 참석할 중요한 모임을 생각하고 있었다. 참석할 사람들이 뭐라 말할까? 어떻게 반응할까?

내가 나타낸 반응 중 한 가지는 실제로 큰 목소리로 말하는 것이었다. "아, 정말입니까?" 나는 관심과 놀람이 섞인 어조로 그렇게 말했다. 그런데 아내가 내 질문을 엿들었다. 그녀는 "뭐라고 그러셨죠?"라고 물었다. 나는 얼굴을 붉힌채로 이렇게 대답했다. "미안하오, 여보. 혼잣말이었소." 그녀는 웃으며 이렇게 말했다. "방해해서 죄송해요. 계속하세요. 하지만 목소리를 낮춰주세요. 당신이 제게 말씀하시는 거라고 생각했어요."

　어떤 사람들은 혼잣말을 할 수 있는 안전한 장소로 혼자 운전할 때 자동차가 제공하는 은밀한 공간을 즐긴다. 여러분의 옆이나 뒤에서 차를 몰고 가는 사람이 열심히 이야기를 하고 있는 것 같은데 그 차 안에 다른 사람이 아무도 없는 모습을 본 적이 있는가?

　최근에 나는 고속도로의 저속 차선을 따라 천천히 차를 몰고 가는 동안, 백밀러로 내 뒤에 있는 자동차 안에서 자신과 열띤 대화를 나누는 남자의 모습을 보았다. 그는 일방적인 대화를 나누며 매우 화가 난 것처럼 보였다. 나는 그가 무슨 말을 하고 있는지를 상상하면서 그가 욕을 하고 있을 것이라고 추측했다. 그는 내가 거울로 자기를 지켜 보고 있음을 알고는 수줍은 듯이 미소를 지으며 다음과 같은 내용을 담은 듯한 몸짓을 하면서 손을 흔들었다. '혼잣말을 하지 않는 사람이 어디 있소? 당신 걱정이나 하시오.' 그는 내가 목적지로 가기 위해 방향을 바꿔 출구로 나가자 안도의 한숨을 내쉬는 것 같았다. 나는 그가 뭐라고 혼잣말을 했을까 상상해 보았다. '이 세상이 어떻게 되가는 거지? 고속도로에서 차를 몰고 가면서 혼잣말을 할 수도 없다는 거야?'

사실상, 우리가 다른 사람들과 대화를 나누는 동안에도 끊임없는 대화가 우리 속에서 일어난다. 우리는 우리 마음의 은밀한 방 안에서 다른 사람이 말하고 있다고 생각하는 것, 그 말의 배후에 숨겨져 있는 것, 또는 그 사람이 말을 멈출 때 어떻게 반응할까에 대해서 이야기한다. 때로 우리는 사실상 말해야 하고, 겁이 나기는 하지만 말하고 싶은 내용을 마음속에서 말한다.

여러분은 여러분의 귀에 부착되어 사람들이 하는 혼잣말을 들을 수 있도록 전달해 주는 기계 장치가 있어서 그들의 혼잣말을 알 수 있는 것에 대해 상상해 본 적이 있는가? 그렇게 된다면 우리가 서로의 마음을 더 잘 알 수 있게 될 것이다. 그리고 우리가 정말 생각하는 내용을 말로 전달하는 경우가 거의 없어질 것이다.

나는 종종 내가 설교를 하는 즉시 사람들의 실제적인 생각을 전달해 주는 장치를 부착한 채로 사람들에게 설교하면 어떨까 생각하곤 한다. 그것은 내게 즉석에서 피드백(feedback)을 제공해 줄 것이다. 한편에서는 설교가 지나치게 길다는 사실을 지적하고, 때로는 청중과 나를 하나로 엮어 주는 다정한 공감이 필요하다는 사실을 지적해 줄 것이다.

내적인 대화: 실제적인 생각과 감정들

한 가지 분명한 사실이 있다. 종종 우리의 내적 대화는 우리가 말하는 것보다는 우리가 실제로 생각하고 느끼는 것, 그리고 더 중요하게는 우리가 기도하는 것을 더 많이 반영한다. 진정한 기도는 우리가 우리의 대화에 들어 있는 가장 깊은 갈망들을 취하여, 그것들을 간구와 중보의 내용으로 바꿀 때 이뤄진다. 비극은 우리가 우리 자신에게는 정직하게 이야기하면서도, 막상 주님께는 깊이 생각한 후에 경건한 방식으로 말씀 드린다는 것이다. 우리는 때로 우리가 주님께 갖고 나아가야 할 가장 긴박한 문제들을 내버려둔 채 기도를 마친다. 우리가 우리 자신과 나누는 대화는 주님께 적절하고 그럴듯하게 들리는 내용만을 해 온 것이다. 너무나 자주 우리는 우리가 간구할 필요가 있는 것을 불가능한 것이라고 판단해 왔다. 우리가 우리 자신과 대화하는 가장 깊은 관심사들은 종종 주님과의 교제에 반영되지 않고 있는 것이다.

그것은 특히 우리가 우리 자신의 문제들—육체적, 감정적, 영적, 인격적—의 치유를 위해 기도하기 전에 우리 자신과 나누는 대화에 해당된다. 우리는 우리의 마음속에 오가는 질문들에 대해서 부정적으로 묻고 대답한다. 그 질문들은 다음과 같다. '그리스도께서는 그분의 지상 사역 중에 사람들을 치유하셨던 것처럼 나를 치유하실 수 있을까? 그분이 나의 고통, 혼란스러운 감정들, 상처를 준 기억들, 손상된 관계들을 알고 계시거나 관심을 가져주실까? 그분이 치유를 바라는 사람들이 수없이 많음에도 불구하고 내게 관심을 가지실 수 있을까? 인격체인 내가 어떻게 주님과 관계를 가질 수 있을까?'

의심을 품은 채로 그런 질문들을 던지고 대답해 본 적이 있는가? 그렇지 않은 사람이 어디 있겠는가? 그리고 여러분은 여러분 자신과 나누는 내적인 대화가 끝날 때쯤, 담대하게 확신을 가지고 기도할 믿음이 거의 남아 있지 않은 경우를 체험해 본 적이 있는가?

나는 여러분의 대답들을 들을 수 있는 장치를 내 영혼에 부착시키고 있지 않다. 그러나 지난 30년 동안의 사역을 기초로 사람들의 문제들을 열심히 들을 수 있다. 나는 여러분이 다음과 같이 말하는 것을 들을 수 있다. "그렇습니다. 나는 나 자신의 치유를 위한 기도를 드리는 때가 올 때, 나 자신의 가장 악한 적이 되는 경우가 너무나 많습니다. 나의 영혼은 영원히 구원하시는 그리스도를 믿습니다. 하지만 사실 나는 그분의 치유의 능력을 나의 문제들에 적용시키는 방법을 확실히 모르고 있습니다. 정직히 말하자면, 나는 그분이 자기를 치유하셨다고 말하는 사람들을 의심하고, 어떤 사람들이 열심히 늘어놓는 이야기들을 의심해 왔습니다. 그 이야기들이 사실이라면, 기도해 왔음에도 불구하고 치유를 받지 못한 사람들에 관한 질문들이 야기됩니다. 거기다가 나의 주변에 널려 있는 고통들을 더하게 되면, 나는 나의 문제들에 관해서 기도를 드릴 때 쯤이면, 기껏 인내할 수 있는 힘과 용기를 달라고 기도하게 될 뿐입니다. 종종 나는 주님께서 그 기도를 들으셨을까를 의심하기도 합니다. 너무나 많은 기도가 동시에 그분께 드려지고 있으니, 어떻게 그분이 나의 문제에 주의를 기울이시고, 내게 필요한 치유의 능력을 베풀어 주실 수 있다는 말입니까?"

이 말이 친숙하게 들리는가? 그런 식으로 혼잣말을 한 적이 있는가?

의심을 담대한 기도로 변화시켜라

여러분은 의심을 품은 여러분의 내적 대화를 담대한 기도로 바꾸기를 원하는가? 여러분은 그렇게 할 수 있다!

어느 날 가버나움에서 예수님을 둘러 싼 무리 중에 속한 한 여자에게 일어난 일은 우리에게도 일어날 수 있다. 그녀는 무리를 헤치고 나아와 예수님의 옷가에 손을 대어 혈루병을 치유받았다. 그녀는 열두 해 동안 멈추지 않고 피가 흐르는 고통스러운 질병으로 고통받아왔다. 그러나 그녀는 주님의 옷가에 손을 댄 순간에 그녀의 몸을 관통하여 흐르는 치유의 물결을 느꼈다.

그러나 그녀가 주님께 손을 대기도 전에 더 큰 기적이 일어났다. 그녀의 내적 대화가 고통스러운 분노로부터 신실한 기대로 변화된 것이 그것이다. 이 여자의 치유를 주의 깊게 관찰할 때, 우리는 우리를 의심으로부터 해방시켜 주고 우리의 진정한 필요들을 주님 앞에 가지고 나아갈 수 있는 담대함을 제공해 주는 강력한 믿음의 능력을 발견하게 된다.

여기서 그 배경을 살펴 보는 것이 유익할 것이다. 그 여자의 치유가 기록되어 있는 마 9:20-22, 막 5:25-34, 그리고 눅 8:41-48을 읽을 때, 우리는 두가지 기적―그녀의 생각 속에서 일어난 자신과의 대화에 일어난 기적과 그녀의 육체적인 치유를 초래한, 담대하게 주님께 손을 댄 기적―을 하나로 엮을 수 있다.

우리는 그 여자가 열두 해 동안 혈루증을 앓으면서 치유를 받기 위해 많은 의사를 만나고 가산을 탕진한 사실을 듣게 된다. 그런 종류의 질병을 앓는 사람들에 대한 레위기의 규례에 대한 지식을 가지고 행간을 읽을 때, 우리는 그녀가 사회에서 버림받은 사람이었음을 알게 된다. 그녀는 회당에도, 성전에도 갈 수 없었다. 그녀는 가족으로부터 버림받았다. 그녀에게 남편이 있었다면, 그는 그녀와 이혼할 권리를 충분히 소유하고 있었다.

그녀는 접촉해서는 안 되는 사람으로 간주되고 있었다. 그녀나 그녀의 옷 또는 그녀가 오염시킨 물건을 만지는 것은 철저히 금지되어 있었다.

우리는 그녀가 그렇게 길고 고통스러운 세월 동안 자신과 나눈 내적 대화에 어떤 일이 일어났는지를 상상해 볼 수 있다. 그녀는 우선 자부심을 잃고, 그 다음으로 여자로서의 존엄성을, 그리고 마지막으로는 자존심을 잃어버렸다. 여러분이 접촉해서는 안 될 사람으로 간주되어, 사랑하는 사람들로부터 배척을 당하고 온 사회로부터 부정한 존재로 간주될 경우에 어떻게 말했을까 생각해 보라. 그것은 여러분의 기도를 약화시켰을 것이다. 그렇지 않은가? 나는 그 여자가 더 이상 기도할 수 없는 절망의 시점에 이르렀을 것이라고 생각한다. 기도해야 한들 무슨 소용이 있겠는가?

내가 예수님을 만날 수만 있다면?

그러나 그녀의 내적 대화가 절망에 빠져 있을 때, 그녀를 해방시켜 주는 생각이 떠올랐다. 그녀는 예수님과 그분의 전능하신 치유 사역에 대해 들은 적이 있었다. 그분을 만날 수 있다는 생각이 그녀에게 떠올랐을까? 하지만 그런 일이 어떻게 일어날 수 있었을까? 그녀는 낮은 신분의 여자, 그 당시의 버림받은 사람이었다. 그 때 그녀의 마음속에 자리잡고 있었던 의심스러운 생각들이 예수님께서 갈릴리 바다를 건너 자기가 사는 가버나움에 오신다는 소식에 도전을 받았다. 대담하고도 충동적인 생각이 그녀가 자신과 나눈 대화 가운데 형성되었다. '그분을 만날 수만 있다면! 그분이 사람들이 말한 그분일까? 다른 사람들에게 거절당한 사람들에 대한 사랑과 관심과 애정으로 가득차신?

그 소식은 널리 퍼져 있었다. 그녀는 예수님께서 전에 가버나움을 방문하셨을 때 더러운 영에 사로잡힌 사람을 정결케 하신 사건을 알고 있었다. 시몬 베드로의 장모도 주님의 말씀으로 열병을 치유받았다. 그분이 무서운 병을 앓고 있는 사람을 만지지 말라는 율법을 어기시고 한 나병환자의 손을 잡으셨을 때 그 나병환자도 치유를 받았다. 그분을 통해 역사하는 치유의 능력을 방해하는 것은 아무 것도 없는 것 같았다. 안식일조차도 말이다. 그 소식은 어디서든 들을 수 있었다. 손 마른 사람도 서기관과 바리새인들의 비판과 반대에도 불구하고 치유를 받았던 것이다.

그 여자는 자기가 들은 소식에 관해서 생각했을 때, 마음속에서 소망이 밀려옴을 느꼈다. 그것은 하나의 생각, 감정인 동시에 욕망이었다. 그녀는 주님을 만나야만 했다. 그녀가 들은 모든 소식이 그녀의 내부에 믿음의 씨를 심었다. 그녀는 자신에게 놀랐다. 그녀가 예수님의 치유의 능력과 치유를 받아야 할 필요에 관해서 자신과 대화했을 때, 거리낌과 수줍음이 사라져 버렸던 것이다. 어쨌든 그녀는 나사렛 예수를 만나야 했다. 그녀는 숨을 죽인 채로 희망을 품고 무리 끝으로 다가갔다.

그녀가 주님께서 배 밖으로 나오시는 모습을 보았을 때에도, 그녀의 마음속에서는 확신과 용기의 파도가 물결쳤었다. 그러나 이제는 그 파도가 더 거세졌다. 멀리서 그분을 바라 보았을 때, 그녀 내부의 모든 것이 그분께로 이끌렸다. 그분의 외모 전체가 다정한 애정이 섞인 사랑을 보여 주고 있었다. '저 얼굴을 봐!' 그녀는 자신에게 이렇게 말했다. '그 눈은 기쁨과 생기로 춤추고 있고, 그 웃음은 확신을 전달하고 있어. 그리고 단단한 턱은 단호한 목적을 보여 주고 있어.'

갑자기 그녀는 마음을 끄는 생각을 즐기게 되었다. 하나님의 치유의 능력이 예수님 안에 존재하고 있었다. 그녀는 그 사실에 대해 들은 적이 있었다. 이제 그녀는 스스로 그 사실을 알게 되었다. 그녀는 감히 그분을 방해할 수 없었다. '어떻게 그분이 나에게 시간을 내 주실 수 있단 말인가?' 만일 그분이 그녀에게 손을 대신다면, 그분은 부정해지실 수밖에 없었다. 그러나 만일 그녀가 그분께 손을 대면 어떻게 될까? 그렇게 해보는거야. 그녀는 이렇게 생각했다.

그녀가 다시 주님을 바라 보았을 때, 그분은 다른 모든 사람들을 마주하고 서 계셨다. 그분의 위엄 있는 모습은 극적인 것이었다. 그분의 흰옷은 밝은 햇빛을 반사하고 있었다. 그 다음으로 그녀는 그분의 옷의 가장자리를 감치고 있는 네 솔기(술)를 보았다. 그 중 둘은 그분의 옷의 앞쪽 구석에, 나머지 둘은 뒤쪽 구석에 달려 있었다. 그것들이 그녀의 마음을 온통 사로잡았다.

곤란에 처한 이 여자가 그 솔기들의 의미를 알고 있었을까? 그것들은 민수기 15:37-41에 분명히 묘사되어 있는 하나님의 율법을 일깨워 주었다.

> 여호와께서 모세에게 말씀하여 이르되 이스라엘 자손에게 명령하여 대대로 그들의 옷단 귀에 술을 만들고 청색 끈을 그

> 귀의 술에 더하라 이 술은 너희가 보고 여호와의 모든 계명을 기억하여 준행하고 너희를 방종하게 하는 자신의 마음과 눈의 욕심을 따라 음행하지 않게 하기 위함이라 그리하여 너희가 내 모든 계명을 기억하고 행하면 너희의 하나님 앞에 거룩하리라 나는 여호와 너희 하나님이라 나는 너희의 하나님이 되려고 너희를 애굽 땅에서 인도해 내었느니라 나는 여호와 너희의 하나님이니라

바로 그 여호와 하나님이 예수 그리스도 안에 임재하고 계셨으며, 그분이 입으신 옷의 술들은 그분이 이스라엘의 전통을 충실히 따르셨다는 표현일 뿐 아니라 자기 백성을 용서하시고 죄에서 해방시키시기 위해 십자가에서 완성하실 구원의 표현이기도 하였다.

그 여자가 무리의 끝에 서 있는 동안, 점점 커가는 그녀의 믿음이 그녀가 주님의 옷가를 만짐으로 치유를 얻을 수 있다는 미신과 뒤섞였다. 그 다음으로 일어난 그녀의 행동은 주님께 손을 대고 싶어하는 그녀의 욕구를 강조해 주었다.

그때에 야이로라는 이름의 회당장이 무리를 헤치고 예수님 앞에 무릎을 꿇었다. 그가 한 의미심장한 말이 공기를 갈랐다. 열두살 난 외동딸이 죽어가고 있었다. 그는 주님께 자기 집에 와 주시기를 간청했다. 그 여자는 부드러운 사랑으로 답하시는 주님의 모습과 단호한 표정으로 발길을 돌려 야이로의 집을 향해 가시는 모습을 보았다. 그것으로 충분했다. 야이로는 주님 앞에 겸손히 무릎을 꿇었다. 그것은 열정적인 요청이었다. 그리고 주님께서는 응답하셨다. 분명히 여호와의 치유의 능력이 임

재하고 있었다. 그녀는 무리를 따라가야만 했다. 그녀 안의 모든 것이 그녀를 충동했다. 그러고 나서 그녀가 무리의 끝에 서서 따라갔을 때, 그녀의 혼잣말이 시작되었다.

절망에서 신앙으로

그녀의 생각들은 절망으로부터 예수님께서 다른 사람들을 위해 행하신 일로, 기꺼이 야이로를 도와 주신 일로, 그리고 그 다음으로 단호한 확신으로 인도되었다. 그녀는 혼잣말을 하면서 화들짝 놀랐다. '그분의 옷에 손을 댈 수만 있다면, 내 병이 나을 텐데.' 그녀는 거듭 그 말을 되풀이 하다가 신비로운 믿음의 선물에 충동을 받아 앞으로 나아갔다.

그녀는 더 이상 기다릴 수 없게 되었을 때, 무리를 헤치고 앞으로 나아갔다. 그녀의 눈은 예수님의 옷의 술들에 고정되었다.

이제 사람들이 접촉할 수 없는 그녀의 신분이 일시적인 축복이 되었다. 무리들은 그녀가 가까이 다가오는 모습을 보고 그녀 또는 그녀의 손이 자기들의 몸에 닿을까 두려워 물러났다. 두려워하는 사람들이 물러남으로써 길이 훤히 뚫리게 되었던 것이다.

이제 주님께서 그녀를 보시게 되었다. 그녀는 그분이 걸어가실 때 나부끼는 옷자락을 볼 수 있었다. 그녀는 그분과 보폭을 맞춰 걸어가려고 애쓰는 동안 되풀이해서 "그분께 손을 댈 수만 있다면!"이라고 생각했다. 그녀는 점점 더 가까와졌다. 그 때 그녀는 불쑥 앞으로 나섰다. "한번만 손을 대면 될거야. 한번만 손을 대면 되는거야." 그리고나서 그녀는 옷 술을 붙잡았다. 바로 그 순간, 혈루증을 멈추게 하는 능력, 골수를 관통하고 조직을 치유하는 능력이 그녀를 통과했다. 피가 멈췄다. 그녀는 자기가 치유된 사실을 알게 되었다.

그녀의 자신과의 대화는 갑자기 그 방향이 바뀌었다. 주님께서는 가던 걸음을 멈추시고 제자리에 가만히 서 계셨다. 도망가야 해! 그녀는 생각했다. 그녀는 무리를 통과해 그 자리에서 벗어나려 했다. 그 때 예수님께서 돌아 보시면서 "내게 손을 댄 자가 누구냐?"고 물으셨다.

제자들의 마음속 대화에서는 이런 질문이 놀라운, 아니 거의 불합리한 질문이라는 생각이 스쳐 지나갔다. 그러자 베드로가 그들의 생각을 대변이라도 하는 듯 이렇게 말했다. "예수께서 이르시되 내게 손을 댄 자가 누구냐 하시니 다 아니라 할 때에 베드로가 이르되 주여 무리가 밀려들어 미나이다"(눅 8:45). 예수님께서는 개인의 필요에 대한 자신의 민감하심에 대한 무지에 대해서 놀라신 것이 아니었다. 그리고 여호와의 치유의 능력이 자신을 통해 역사하실 때마다 스스로 그 사실을 인식하신다는 사실을 말씀하신 것도 아니었다.

예수님께서는 자신의 관심을 계속 표현하셨다. "예수께서 이르시되 내게 손을 댄 자가 있도다 이는 내게서 능력이 나간 줄 앎이로다 하신대"(눅 8:46). 그분은 자신의 능력을 받은 부인할 수 없는 결과를 나타내는 사람의 얼굴을 천천히 찾으시면서 무리를 둘러 보셨다. 그러다가 그분의 눈이 그 여자의 눈과 마주쳤다. 그녀는 그분이 찾으시는 그 사람이 자기였음을 알고 계시다는 사실을 알고 있었다. 그녀는 주님에게서 숨을 수 없었다. 그녀는 벌벌 떨면서 무리를 통과해 다시 돌아 와 그분의 발 앞에 엎드렸다.

　마가는 그녀가 예수님께 "손댄 이유"를 말씀드렸다고 기록하고 있다. 그녀가 한 말을 얼마나 멋지게 표현한 문구인가! 그녀는 예수님께 자신과 자신의 병, 고통과 소외와 외로움으로 점철된 시절에 대해 모두 말씀드렸다. 그리고 나서 그녀는 눈을 들어 그분의 눈을 다시 쳐다 보았다. 그리고 그분의 옷가에 손을 댄 것이 자기를 치유한 사실을 찬양했다. 예수님께서는 그녀가 회복되는 계기를 제공한 회당장 야이로를 포함하는 온 무리 앞에서 그녀가 치유된 사실을 인정하셨다. 주님께서는 치유를 확인하고, 그녀가 회복된 인격체로서 누리게 될 밝은 미래를 예언했다. "예수께서 이르시되 딸아 네 믿음이 너를 구원하였으니 평안히 가라 하시더라"(눅 8:48).

　이것은 예수님께서 여자를 "딸"이라고 부르신 유일한 경우였다. 그것은 사랑과 애정의 표현이었다. 그렇다면 그분은 왜 그녀를 자매라고 부르시는 대신 딸이라고 부르셨을까? 아마도 그녀는 예수님과 나이가 비슷하거나 더 많았을 것이다. 그분은 하나님께서 주신 권세를 가지고 그렇게 하신 것일까? 나는 그렇다고 생각한다. 그분이 못가에서 한 남자를 치유하셨을 때 하신 말씀을 기억해 보라. "내가 진실로 진실로 너희에게 이르노니 아들이 아버지께서 하시는 일을 보지 않고는 아무것도 스스로 할 수 없나니 아버지께서 행하시는 그것을 아들도 그와 같이 행하느니라"(요 5:19). 그것은 그분이 말씀하신 '여호와 라파'(여호와는 치료자이시다)의 권세였다.

믿음: 치유의 통로

예수님께서 그 여자의 믿음을 예수님으로부터 하나님의 치유의 능력이 그녀에게로 전달된 통로로 말씀하신 사실을 주목하라. 그리고 예수님께서 많은 무리 중에서 한 사람에게 특별한 관심을 보이신 사실을 간과하지 말라. 마지막으로, "평안히 가라"는 위로의 말씀의 온전한 의미를 포착하라. 그리고 그것이 그녀의 미래를 위해 의미한 것이 무엇일까를 포착하라. 이 세 가지 강조점은 이 말씀이 우리에게 치유가 필요할 때 우리 자신을 위해 기도하는 방법을 발견하고자 하는 우리의 추구에 대해 이 기사가 말해 주는 내용의 기초가 된다.

우선 믿음의 선물이 주입됨으로써 고무된 그녀가 자신과 나눈 대화 방법을 고찰해 보자. 믿음은 빈 공간 속에서 시작되지 않는다. 그것은 바람직한 생각이나 적극적인 사고방식이 아니다. 믿음은 신약성경을 충분히 이해할 때 밝게 빛나는 귀중한 다이어몬드와 같은 단어이다.

믿음은 선물이다. 그것은 예수 그리스도의 은혜와 진리에 노출됨으로써 심겨지고 자라는 씨앗이다. 우리가 치유를 갈망할 때 우리 자신이나 다른 사람에게 "더 큰 믿음이 필요해"라고 말하는 것은 어리석은 일이다. 우리가 승리하신 주님이신 그분을 만날 때, 믿음은 우리 안에서 저절로 생겨난다. 더 큰 믿음을 구하지 말라. 오히려 그리스도를 더 알게 되기를 기도하라.

무디(D. L. Moody)는 언젠가 자기가 여러 해 동안 더 큰 믿음을 위해 기도했다고 말한 적이 있다. 그의 말을 직접 들어 보자.

> 나는 마치 어느 날 믿음이 하늘에서 내려와 번개처럼 나를 강타하기나 할 것처럼 믿음을 위해 기도했다. 어느 날 나는 로마서 10장 말씀을 읽고 있었다. "믿음은 들음에서 나며 들음은 그리스도의 말씀으로 말미암았느니라"(17절). 나는 이 때까지 성경을 닫은 채로 기도했다. 이제 나는 성경을 열고 연구하기 시작했다. 그러자 믿음이 그 이후로 부쩍 자라게 되었다.

이 말이 우리에게 전달해 주는 요점은 우리가 우리의 삶의 어떤 영역 내에서 치유를 갈망할 때, 믿음에 대한 믿음을 가지려고 애쓰는 것이 전적으로 불합리한 일이라는 것이다. 믿음은 그리스도를 바라보고, 성육신하신 그분의 능력을 증거하는 복음서들을 읽고, 그분의 대속의 보혈을 통해 주어지는 그분의 용서를 받아들이기 위해 십자가 앞에 서며, 그분의 부활과 지금 살아 계심을 증거하고, 그분이 지금도 계속 나사렛 예수로서 행하신 바로 그 일을 우리 시대에도 행하고 계신다는 사실을 깨닫는 부산물인 것이다.

믿음은 우리가 자신과 나누는 내적 대화가 기도로 바뀌고, 우리의 빈궁한 처지가 우리 삶을 다스리시는 그분의 절대적인 권세에 달려 있음을 고백할 때 우리 안에 방출된다. 주님께서는 자신이 우리의 삶의 주인이심을 선포하도록 우리에게 그 믿음의 선물을 주신다. 무리를 헤치고 나아가 그분께 손을 대는 용기는 그분이 자신의 치유의 능력을 우리에게 전달하실 때 그분에 의해서 우리에게 가능해진다.

그렇다면 우리는 "네 믿음이 너를 낫게 하였다"라는 예수님의 말씀을 어떻게 이해해야 하는가? 그것은 그분이 일으키시는 믿음, 그분의 전능하신 역사에 대한 지식, 개인들을 위한 돌보심, 그리고 그분의 위엄 있는 임재로 촉진되는 믿음이다. 그것은 그녀의 내적인 숙고(熟考)를 결단으로 변화시켰다. 알렉산더 매클라렌(Alexander McLaren)은 이렇게 말하고 있다. "그분의 자비는 물처럼, 그것을 담는 그릇의 모양을 취한다."

예수님: 사랑이 넘치는 치유자

그러나 우리는 우리의 믿음이 완전해지기를 기다릴 필요가 없다. 그 여자는 한 가지를 확신하고 있었다. 예수님이 사랑이 넘치는 치유자시라는 사실이 그것이었다. 그녀는 우리보다 가진 것이 훨씬 적었다. 그녀는 그분의 능력을 계시해 주는 성경의 기록을 갖고 있지 못했다. 우리는 오순절과 부활절의 이편에 살고 있다. 그리고 우리는 그분이 사람들의 삶에 개입하사 치유하신 2000여 년의 기록을 가지고 있다. 그것은 우리로 하여금 확신을 갖고 "그분께 손을 댈 수만 있다면"이라고 기도하게 만든다.

우리는 그렇게 할 수 있다. 그분은 우리 안에 소원을 두신다. 그분은 우리가 치유보다 자신을 더 원하기를 기다리신다. 그리고 그분은 축복된 교제 가운데 자신의 치유의 능력을 방출하신다. 그러나 우리는 기도를 통해서 그분을 더 가까이 할수록 그분이 치유만을 주시지 않는다는 사실을 깨닫게 된다. 그분은 치유하고 계신다. 우리는 그분을 영접할 때, 그분의 치유하시는 영이 우리의 마음과 감정과 몸과 태도에 역사하시도록 우리의 필요들을 내어 놓는다. 그분은 우리가 그분을 완전히 신뢰하기 위해 그분의 믿음의 은사를 받아들이는 정도에 따라 우리를 위해 이제와 영원히 궁극적인 선을 행하실 것이다. 우리는 그분과의 연합을 통해서 그분께 간구하고 조용히 인내하면서 기다린 것을 우리를 향한 그분의 계획에 따라 받게 된다.

우리가 우리 자신과 다른 사람들의 부정적인 태도를 직시해야 할 부분이 바로 이 부분이다. 그것은 이 기사에 나타난 제자들의 모습에 너무나 생생하게 예증되고 있다. 주님께서는 어떻게 어려움에 처한 사람들을 알고 돌보실 수 있는가? 나는 복음서 기자들이 이 이야기를 치유에 있어서 믿음의 은사가 차지하는 핵심적인 역할을 강조할 뿐 아니라 예수님께서 단호하게 자신과 교제를 나누려 하는 사람을 영원히 도우실 수 있음을 일깨우기 위해 이 이야기를 포함시켰다고 생각한다.

우리를 창조하신 영원한 로고스께서 서로 밀치는 무리 속에서 자신에게 손을 댄 한 사람의 믿음의 손길을 느끼실 수 있으셨다면, 그분은 기도 중에 자신의 도움을 구하는 우리를 얼마나 더 인식하시겠는가? 영광을 받으시고 통치하시는, 우리와 여전히 함께 계시는 하나님이신 그리스도께서는 우리가 도움을 구하기 위해 무리를 헤치고 나아가 손길을 뻗을 때 그 사실을 보고, 아시고, 우리를 치유하사 온전케 하신다.

그보다 더, 주님께서는 그 소원을 유발하신다. 그분은 우리를 도우실 준비를 갖추고 계실 뿐 아니라 자신이 우리를 도우실 수 있다는 생각을 우리에게 불어넣어 주신다. 그분의 치유를 구하는 소망은 그분으로 말미암아 시작된다. 우리가 마침내 그분께 손을 댈 때, 그분의 대답은 "내게 손을 댄 자가 누구냐?"가 아니라 "너를 기다려 왔다. 네가 마침내 내게 올 줄 알고 있었다. 이제 나를 믿어라."이다. 그러면 우리는 마음속으로 무릎을 꿇고 이렇게 외치게 된다. "주여. 제가 믿나이다. 저의 믿음 없음을 도우소서!"

그리고 그 때부터 우리가 우리 자신과 갖는 내적 대화는 그분께 손을 댈 수만 있다면이 아니라 그분이 우리에게 손을 대셨다는 찬양이다.

> 복된 구주를 만났으므로,
> 그가 나를 정케 하시고 온전케 만드셨으므로,
> 영원히 그를 찬양하리
> 영원히 외치리.
> 그가 내게 손을 대셨네, 오 그가 나를 만지셨네
> 오 내 영혼에 기쁨이 넘쳐 흐르네
> 이제 내게 어떤 일이 일어난 줄 안다네
> 그가 내게 손을 대사 나를 온전케 만드셨다네.

그러나 그것은 시작에 불과하다. 더 많은 일, 훨씬 더 많은 일이 남아 있다. 그분의 손길은 우리를 붙들고 영원히 놓치 않으실 영원한 손길인 것이다.

예수님께서는 우리에게 "평안히 가라"고 말씀하신다

주님께서는 그 여자에게 하신 말씀을 우리에게도 하신다. "평안히 가라." 그 말은 원래 "평안 안으로 들어가라"는 의미를 가지고 있다. 히브리어 〈샬롬〉의 더 깊은 의미는 몸과 영혼의 치유를 약속하고 있다. 그것은 더욱 풍성해지는 체험이 될 것이다.
　주님께서는 우리의 삶의 한 측면에 손을 대시고, 나머지 부분을 치유되지 않은 채로 내버려 두지 않으신다. 그분은 우리가 그분께서 생각하시는 대로 생각하고, 그분의 눈으로 삶을 바라볼 수 있도록 우리의 뇌 조직에 들어가신다. 그분은 우리를 약화시키는 기억들을 치유하시고, 우리의 자아상을 변화시키신다. 그분은 우리의 신경 조직에 역사하시사 우리의 인간적인 에너지가 그분의 전능하신 능력과 짝을 이루게 하신다. 그분은 자신의 힘으로 우리 몸을 채우신다. 산란했던 신경은 잠잠하게 안정되며, 긴장했던 근육이 풀리고, 우리의 지각이 생명의 경이를 만끽하게 된다. 무엇보다도, 우리의 정신적, 감정적, 육체적 기능들이 우리 안에 거하시는 그분의 영의 명령에 따라 일사불란하게 기능을 발휘하게 된다.
　그런 일이 한 순간에 일어나지는 않는다. 최소한 일상적으로는 그렇지 않다. 우리는 평강 안으로 성장한다. 주님께서는 우리의 조각조각난 본성들을 합쳐 조화롭게 기능을 발휘하게 하신다. 그것이 그분이 끊임없이 우리의 더 많은 부분을 자신에게 드리도록 동기를 부여하시는 이유이다. 그분이 오늘 우리를 위해 제공하시는 평안은 우리가 내일 알게될 평안과 족히 비교할 수 없다. 그 때 우리는 우리의 상처의 치유와 소망의 비밀을 발견하게 된다. 우리는 그분을 더 얻으려고 애쓸 필요가 없다. 그분은 언제나 변함 없이 임재하시는 성령을 통해서 모든 것을 제공하셨다. 우리는 다만 그분이 우리를 더 소유하시게 할 필요가 있을 뿐이다.
　그것은 우리가 이 장을 시작할 때 언급한 우리 자신과의 내적 대화를 변화시킨다. 이제 우리는 이렇게 묻게 된다. "나는 어떤 생각, 습관, 태도, 목표, 관계, 야망들을 그분의 치유의 손길 밖에 두어 왔는가?" 그 대답은 우리가 평강 안으로 성장하는 과정에 대하게 되는 다음 단계를 한정해 준다. 그분의 다른 모든 축복들과 마찬가지로, 선물과 선물을 주는 사람은 결코 분리될 수 없다. 그 둘은 동일하다. 그분은 우리의 치유이시며, 그 치유가 초래하는 평안이시다.

내가 이 장에서 전달하려고 시도한 것은, 진(Jean)이라는 이름을 가진 내 친구에 의해 잘 설명된다. 그녀는 앞으로 나와서 우리 교회의 장로 중 한 사람과 기도하라는 초청에 응했다. 그녀는 그에게 주님의 새로운 손길이 필요하다고 말했다. 진은 장기간에 걸쳐 암치료를 받았다. 그녀는 주님의 치유와 용기를 간절히 원했다. 그녀의 호소와 그녀를 위한 그 장로의 기도에 대한 그분의 응답은 그녀가 기대한 것만큼 즉각적이지도, 심오하지도 않았다. 신속한 암의 치유책 같은 것은 없었다. 그러나 몇 주 후에 더 큰 치유의 역사가 일어났다.

진은 거의 8년 동안 위장 속에 큰 돌이 있는 것 같은 느낌을 갖고 있었다. 그것은 용서하지 못하는 무능력과 짝을 이룬 죄책감이 가져다 준 엄청난 무게였다. 그녀의 첫 남편은 몇년 동안의 결혼 생활 끝에 그녀와 이혼했다. 그가 그녀를 떠난 후에 그녀는 감정 속에 딱딱한 돌을 품게 되었다. 그녀의 마음의 상처는 깊은 수준에서 다른 사람들과 행동하고 대화할 수 없는 결과를 초래했다. 그 감정적인 고통은 그녀로 하여금 대부분의 시간에 소리를 지르고 싶어 하게 만들었다.

그녀가 재혼했을 때, 첫 번째 결혼에 대한 실패에 대한 죄책감이 새 남편에게 사랑과 관심을 표현하는 일을 어렵게 만들었다.

그러다 그녀는 심각한 암이 진행되고 있다는 진단을 받았다. 감정적인 압박이 육신적 질병의 형태를 입게 되었던 것이다. 이 모든 것이 그녀로 하여금 강단 앞에 나와 기도를 하게 만들었던 것이다.

그 일이 일어난 지 얼마 후인 어느날 오후에 주님께서 그녀의 기도에 응답해 주셨다. 감정적인 질병이라는 차갑고 무거운 돌이 제거된 것이다. 어떤 설명도, 놀라운 통찰도 없었다. 갑자기 그 돌은 사라져 버렸다. 그녀는 고통이 완전히 사라졌음을 깨달았다. 진은 자기가 용서를 받았으며, 첫 남편을 용서할 수 있게 되었음을 깨달았다. 그녀가 품었던 나쁜 감정이 사라져 버린 것이다.

암으로 인한 고통이 그녀로 하여금 기도를 하도록 만들었다. 그녀는 육신적인 치유를 원했다. 그러나 주님께서는 그녀에게 꼭 필요한 더 큰 치유의 문제에 개입하셨다. 그분은 그녀의 기억과 감정과 영혼을 치유하셨다. 그녀가 체험한 감정적인 치유는 암의 치유에도 큰 영향을 끼쳤다. 이제 그녀는 암은 물론 끔찍스러운 감정적 질병을 모두 치유받게 되었다. 그녀는 한 가지를 구했는데, 훨씬 더 많은 응답을 받았다. 주님의 은총은 차고 넘쳤으며, 그분의 온전하신 능력이 연약한 그녀의 부르짖음에 대한 응답으로 주어진 것이다.

사람들로 하여금
주님께 손을 대게 하라
제 5 장

제5장

사람들로 하여금 주님께 손을 대게 하라

　어느 날 밤중에 깨어 기도하고 있는 동안 나는 나의 일생 동안 만난 사람들 중에 얼마나 많은 사람들이 치유를 필요로 했는 지를 깨달았다. 나는 긴 목록을 훑어 내려가는 동안, 육체적, 감정적, 또는 관계적인 필요에 초점을 맞추면서 각 사람의 얼굴을 마음속에 그렸다. 나는 이 사람들을 주님께로 인도하고, 그들이 그분만이 그들에게 주실 수 있는 것을 받게 되기를 얼마나 갈망했는지를 깨달았다.
　여러분은 내 느낌을 알고 있을 것이다. 여러분도 주님의 치유의 손길이 그 삶에 이르기를 간구하는 사람들에 관한, 염려와 관심이 혼합된 이상한 느낌을 느껴 보았을 것이다. 염려와 문제를 안고 있는 사람들은 다음과 같이 정리될 수 있다.

　악의를 직면하고 있거나, 점점 더 쌓이는 고통을 참고 있거나, 무력함으로 고통받는 사람들.

인생을 살면서 겪는 일로 고통받고 있거나 자신의 행동에 대한 죄책감으로 가득 찬 사람들.
　자존감의 결여로 스스로 만든 한계에 갇혀 있거나 성격상 사랑하기가 힘든 사람들.
　계획과 희망이 사라져 좌절하고 있거나 포기하려는 찰나에 있는 사람들.
　사랑하는 사람들을 잃고, 줏어 담기에는 너무나 고통스럽고 표현하기에는 너무 개인적인 슬픔으로 마음속으로 울고 있는 사람들.

　우리의 마음이 다른 사람들의 문제들로 짐지워질 때, 우리는 인생의 가장 긴박한 질문 중 하나를 제기하게 된다. 그것은 "왜 선한 사람들에게 나쁜 일들이 일어날까?"라는 질문이 아니라 "어떻게 우리가 관심을 가지고 있는 사람들로 하여금 주님께 손을 대게 만들 수 있는가?"
　나는 그날 밤 기도하는 동안 내가 고통에 처한 사람들에게 관심을 갖고 있을 뿐 아니라 무엇보다도 사람들에 대한 관심 때문에 고통에 처한 사람들에게 관심을 갖고 있음을 인식하게 되었다. 고통에 처한 사람들을 위해 어떻게 기도해야 하는가에 관한 그들의 질문들이 내 마음속에 맴돌았다. 나는 몇 시간 동안 중보 기도를 한 후에 잠들었다.

꿈

　나는 잠에서 깨어난 후에도 그 내용을 생생하게 기억하는 꿈을 꾸었다. 나는 어느 주일 예배에서 설교를 했는데, 한 목소리가 성소에 크게 울려 퍼지는 꿈을 꾸었다. 그것은 주님의 음성이었다! 그분의 말씀은 사람들을 놀라게 만들었다. "내가 다음 주일에 이곳에 나타날 것이다. 사람들이 가장 큰 관심을 갖고 있는 사람을 내게 데리고 오면, 내가 그를 치유해 주겠다."

내 꿈은 흥분에 넘쳐 예배를 준비한 다음 주까지 계속 이어졌다. 주님의 약속에 대한 소문은 교회 전체에 널리 퍼졌다. 그리고 우리 예배가 텔레비전으로 방송되는 까닭에 그 소식은 온 나라에 알려졌다. 주님의 약속된 출현이 있기 전 토요일에 로스앤젤레스 공항은 그 놀라운 사건을 목격하기 위해 전국에서 몰려온 사람들로 인산인해를 이뤘다. 주일 아침 일찍 해가 밝기도 전에 성전은 사람들로 가득 차고, 성전에 들어가려고 사람들이 밖에 줄지어 서 있었다. 몇 마일 떨어진 곳까지 차가 몰려 교통이 혼잡했다.

우리는 약속된 1부 예배 시간에 기대감을 갖고 기다렸다. 일반적인 예배 순서는 번거로운 것처럼 여겨졌으며, 평상적인 과정들은 주님의 출현과 아무 상관이 없는 것처럼 보였다. 사람들은 기대감에 넘친 채 기다렸다. 각 사람은 숨을 죽이고 자기가 주님과 만나도록 데려 온 사람의 손을 잡고 있었다. 병자, 저는 자, 그리고 그밖의 고통받는 자들이 여기 저기에 앉아 있었다.

그러고 나서 그 일이 일어났다. 육체적인 출현은 없었다. 그것은 사랑과 애정이 넘치는 바로 그 음성이었다. "볼지어다. 내가 항상 너희와 함께 있느니라"고 말씀하셨다. 그 이상은 아무 것도 없었다. 경외심을 일으키는 숨막히는 침묵이 회중을 사로잡았다. 그러던 중에 발코니에 앉아 있던 한 남자가 경외심이 넘치는 어조로 찬양을 부르기 시작했다. "그는 주, 그는 주, 죽음에서 부활하신 나의 주. 모두 절하고 모두 외치세. 예수는 우리 주." 성전 안에 있던 모든 사람과 밖의 길거리에 있었던 모든 사람이 함께 찬양에 동참했다. 사람들은 치유가 필요한 사람들의 손을 잡고 강단 앞으로 나와 무릎을 꿇었다. 그 행렬은 오전과 오후 그리고 늦은 밤까지 계속되었다. 잠에서 깼을 때 깊은 평안이 나를 감쌌다. 그것은 내가 잠자리에 들었을 때 느꼈던 불안감과 극적인 대조를 이루는 느낌이었다.

주님: 언제나 역사하실 수 있고, 언제나 도우실 수 있다

그 꿈에는 약간의 해석이 요구된다. 주님께서는 자신의 육체적인 나타나심보다 더 위대한 자신의 능력에 대한 인상을 내게 심어 주시기 위해 그 꿈을 사용하셨다. 주님께서는 치유 사역을 계속 수행하고 계신다. 우리는 육신을 입고 그분이 몸과 영혼의 병을 치유하시는 모습을 지켜 본 사람들보다 그분을 더 잘 알고, 그분의 능력을 더 많이 깨달을 수 있다.

몇 가지 사실이 내 마음을 사로잡았다. 주님은 언제나 방해를 받으실 수 있다. 그분은 우리가 다른 사람들에 대해 갖는 관심보다 더 큰 관심을 그들에 대해 갖고 계신다. 그분은 우리의 중보 기도를 들으시고, 사람들의 가장 깊은 문제들을 치유하심으로 응답하신다. 나의 꿈은 주님의 치유가 필요한 사람들을 위해 주님의 주의를 끌어야 한다는 생각으로부터 나를 해방시켜 주었다. 나는 인간적인 진단이나 예상에 대해서 그분께 확신을 시켜드릴 필요가 없다. 그분은 전지하신 동시에 무소부재하신다.

그러나 그분은 우리가 믿음과 담대함으로 드리는 사랑의 기도에 대한 응답으로 자신의 치유의 능력을 방출하신다. 우리가 할 일은 사람들을 그분께로 인도하여, 그분의 자비롭고 다정하고 전능한 치유의 임재 앞에 두는 것 뿐이다.

예수님께서 가버나움을 방문하셨을 때 만나신 네 사람이 간절히 바란 것이 바로 그것이었다(눅 5:18-25, 막 2:1-12). 그들은 주님께서 그곳을 처음 방문하셨을 때 귀신들린 사람을 치유하신 소식을 들었다. 그리고 나사렛 출신인 그분이 다른 곳에서 행하신 치유의 기적들에 대한 소식도 들었다. 눈먼 자들이 눈을 뜨고, 저는 자들이 걷고, 고통받는 사람들이 치유와 위로를 공급받았다. 이제 예수님께서 다시 그들이 사는 성에 들어오셨다. 그들의 한 친구가 그분의 치유의 손길을 절실히 필요로 하고 있었다. 그는 중풍에 걸려 걸을 수가 없었다. 그래서 그들은 그를 예수님께 데리고 와야 했다. 그들이 그렇게 한 방법과 주님께서 그를 다루신 방법은 우리에게 많은 통찰을 제공해 준다. 그 이야기는 우리가 다른 사람들의 치유를 위해 드리는 중보기도 사역을 위한 지침들을 제공해 준다.

그 광경을 그려 보라. 예수님께서는 가버나움에 줄지어 늘어서 있는 작은 집들 중 하나에서 말씀을 전하고 계셨다. 예수님께서 계신 곳은 상자 모양을 한 방이었다. 그 방은 돌로 된 벽으로 사면이 둘러싸이고, 모래와 역청과 진흙으로 나무를 엮어 만든 지붕으로 덮여 있었다. 그리고 그 위에 타일들이 덮여 있었다.

예수님께서는 자신의 메시지를 주의 깊게 듣고 있던 서기관과 바리새인들에게 둘러싸여 계셨다. 그들이 그분의 메시지에 귀를 기울인 이유는 그분이 선포하시는 진리에 고무되어서가 아니라 그분이 여하한 규례를 어기시는 순간을 포착하기 위해서였다. 판단과 경악을 얼굴에 담고 있는 이 관리들의 주위에는 기대와 소망을 눈에 담고 있는 무리가 자리잡고 있었다. 그 무리는 그 방을 가득 채우고도 모자라 방 밖에까지 모여 있었다. 많은 사람이 주님을 보려고 그 방 옆에서 몸싸움을 벌이고 있었다.

담대한 계획

친구를 들것에 싣고 그 무리의 끝부분에 다다른 네 사람은 주님 앞으로 나아갈 수 없는 상황에 봉착했다. 그들은 다른 길을 찾아야했다. 무리가 그들의 길을 가로막았을 것이다. 그들은 계획을 바꿨다. 그들은 그 친구를 그 집의 옆 계단을 통해서 지붕으로 데리고 올라갔다. 그런 후에 지붕을 통해서 그를 예수님 앞에 내려 보내려 했던 것이다.

주님 주위에 모인 그 집안의 사람들의 입장에서 일어난 일을 상상해 보라. 그 종교 지도자들이나 잔뜩 모인 무리 중 한 사람의 입장에서 생각해 보라. 그들의 귀로 듣고 그들의 눈으로 일어난 사건을 보라.

지붕을 두드리는 소리가 들리더니 타일을 뜯어내는 소리가 들려 예수님의 가르침을 가로막았다. 모든 사람이 무슨 영문인가 하고 위를 쳐다보았다. 예수님께서는 잠시 멈추셨다가 계속 메시지를 전하셨다. 갑자기 천장이 무너지면서 모래와 나무 조각이 타일과 섞인 채로 예수님과 종교 지도자들과 무리의 머리 위로 쏟아져 내렸다.

그리고 나서 한 사람이 주먹으로 천장에 구멍을 냈다. 사람들은 기겁을 하고 놀랐다. 여덟 개의 손이 천장을 더 뜯어내자 주먹으로 만든 구멍이 점점 넓어졌다. 깜짝 놀란 사람들은 도대체 무슨 영문인가 둘러 보았다. 그 구멍은 점점 넓어지고 있었다. 도대체 이 사람들은 무슨 일을 하고 있었을까?

넓혀진 구멍으로 얼굴을 드리민 사람들의 얼굴 표정을 상상해 보라. 그들은 잽싸게 무리를 둘러 보고 예수님께 시선을 고정시켰다. 그분이 만족스러운 미소를 지으셨을까? 그들은 서로를 바라보며 고개를 끄덕거리고 나서 움직일 수 없는 그 친구를 실은 들것을 들어 밑으로 내려놓았다. 그들은 들것의 네 구석에 밧줄을 매달아 구멍을 통해 그 들것을 주님 앞에 내려놓았던 것이다.

밧줄에 달린 들것이 천천히 내려 오는 모습을 바라 보시는 예수님의 얼굴에 나타난 표정을 놓치지 말라. 그분의 눈은 친구를 위한 네 사람의 관심을 보시는 순간 밝게 빛났다. 그리고 그분의 표정도 들것에 실려 자신의 발 앞에 내려 온 그 병자를 보시는 순간 따뜻한 사랑으로 부드러워지셨다. 그 사람은 애원하는 눈초리로 예수님을 올려 보았다. 그리고 그 반응으로 주님 안에 성육신한 사랑과 능력이 그 사람과 그 친구들에게 전달되었다.

예수님께서 말씀하시기 전에 긴 침묵이 흘렀다. 그분은 신적인 분별력으로 오랫동안 병들어 고생한 그 사람의 처지를 보셨을 뿐 아니라 그의 영혼의 깊은 곳까지를 들여다 보셨다. 예수님께서는 그의 굳은 몸을 치유받는 것보다 더 큰 필요를 보셨던 것이다. 그 사람에게는 하나님과 용서, 그리고 영혼의 치유가 필요했다. 예수님께서 침묵이 지나간 후에 하신 말씀은 그 사람의 네 친구와 종교 지도자들과 무리 중의 많은 사람들을 놀라게 만들었다. 예수님께서는 네 친구가 표현한 믿음에 대한 직접적인 반응으로 이렇게 말씀하셨다. "이 사람아 네 죄 사함을 받았느니라"(눅 5:20).

무리 중에 동요가 일어났다. 지붕 위의 네 사람도 일어난 일을 보고 놀란 눈으로 서로를 바라 보았다. 그들은 그 친구가 용서가 아니라 치유받기를 원했다. 서기관과 바리새인들은 언짢은 기분이 들어 경멸이 섞인 어조로 말했다. "이 신성모독 하는 자가 누구냐 오직 하나님 외에 누가 능히 죄를 사하겠느냐."

예수님께서는 그들이 무슨 말을 하는지 알고 계셨다. 그분의 대답에는 메시야적인 권위가 어려 있었다. "너희 마음에 무슨 생각을 하느냐 네 죄 사함을 받았느니라 하는 말과 일어나 걸어가라 하는 말이 어느 것이 쉽겠느냐"(눅 5:22, 23).

문제는 어느 것도 쉽지 않다는 것이다. 오직 하나님만이 두 가지 일을 모두 행하실 수 있었다. 그런데 인자 안에 성육신 하신 하나님의 용서와 치유의 권세가 자리잡고 있었다. 자신의 정체를 담대하게 밝히신 예수님께서는 그 사람의 마비된 영혼과 몸에 용서와 치유를 제공하셨다. "그러나 인자가 땅에서 죄를 사하는 권세가 있는 줄을 너희로 알게 하리라 하시고 중풍병자에게 말씀하시되 내가 네게 이르노니 일어나 네 침상을 가지고 집으로 가라"(눅 5:24). 그 사람은 중풍에서 해방되어 뛰어다니며 용서의 사랑과 육신적인 치유의 기적을 베푸신 하나님께 영광을 돌렸다. 누가는 이렇게 말하고 있다. "모든 사람이 놀라 하나님께 영광을 돌리며 심히 두려워하여 이르되 오늘 우리가 놀라운 일을 보았다 하니라"(눅 5:26).

그들은 정말 놀라운 일을 보았다.

그 때 일어난 일은 주님께서 오신 이유와 그분의 목적 성취 과정에 그분 앞에 놓여 있는 것을 놀랍게 예시해 주었다. 그분은 세상 죄를 위해 십자가에 달리사 고난을 당하셔야 했다. 그분은 부활, 승천하시고 성령을 통해 돌아 오신 후에 자신의 사역을 계속하시게 될 것이었다. 십자가, 열린 무덤, 그리고 다락방에 모인 그리스도로 충만한 제자들은 그분의 폭넓은 치유 사역의 부인할 수 없는 증거가 될 것이었다. 그리고 그분은 여러 세대에 걸쳐 계속해서 자신이 가버나움에서 행하셨던 일을 행해 오셨다. 우리가 그분 앞에 머리를 숙일 때마다, 그분은 부활하신 전능한 통치자로서의 권세와 능력으로 우리가 관심을 가지고 있는 사람들을 용서하시고 치유하실 것이다. 그분은 어제나 오늘이나 동일하시다.

타인들을 위한 기도에 관한 통찰들

이 중풍병자의 치유 기사는 치유가 필요한 사람들을 위해 기도하는 방법에 관한 유익한 통찰들로 가득 차 있다.

믿음. 예수님의 응답을 초래한 것은 그 사람을 그분께 데리고 온 네 친구의 믿음이었음을 고찰해 보자. 오늘날도 그분은 사람들을 자신에게로 데리고 나오는 우리의 믿음을 귀하게 보신다. 그러나 이 믿음은 진공 속에서 자라지 않는다. 그것은 우리가 구주와 함께 나누는 관계를 통해 일어난다. 믿음이 넘치는 중보기도들은 자신의 삶 가운데 영적, 육체적 치유를 체험한 사람들에 의해 제공되는 것이다.

　믿음은 앞장에서 살펴본 것처럼 주님의 선물이며, 그분과 나누는 끊임 없는 교제를 통해 자라난다. 우리가 우리 자신의 필요와 체험들을 때 맞춰 주님께 맡길 때, 우리는 그분의 능력을 다른 사람들과 공유하기를 간절히 원하게 된다. 우리가 다른 사람들을 위한 기도를 게을리해 왔다면, 그것은 아마도 우리가 주님과 함께 나누고 있는 교제가 습관적이고 냉담하기 때문일 것이다.

　주님께서는 우리를 서로를 향한 관심 가운데 함께 묶기를 원하신다. 더 오래 살고 중보 기도를 뒷받침해 주는 영적 법칙들을 이해하기를 간절히 원하면 할수록, 나는 주님께서 우리가 서로를 위해 기도할 때까지 종종 인내하시면서 우리를 축복하시거나 우리의 필요에 개입하시기를 늦추시며 기다리신다고 확신한다. 그분은 끊임 없이 우리를 자신과 서로에게로 이끄신다. 서로를 위한 기도는 우리를 서로에게 묶어 주는 것이다.

　최근에 한 목사가 내게 전화를 걸어 자기 교회에서 중보 기도 프로그램을 시작할 수 있는 방법을 물어 왔다. 그것에 대한 내 반응은 그를 놀라게 만들었다. "목사님의 교회에서는 진정한 믿음의 갱신이 일어나고 있습니까?" 나는 이렇게 물었다. "그것이 출발점입니다. 직분자들과 성도들이 자기 필요를 주님께 맡길 수 있도록 도우십시오. 놀라운 일들이 일어날 겁니다. 믿음이 고무되고, 사람들이 다른 사람들을 위해 기도하기 시작할 겁니다. 목사님은 사람들이 주님께서 자신의 삶에 행하시는 일에 대해 흥분할 때까지, 중보 기도 운동의 동기를 부여할 수 없습니다. 그렇게 되면, 다른 사람들을 위한 기도는 자연스럽게 뒤따르는 거지요."

그 목사는 자기 교회 성도들에게 사람들의 치유에 더 관심을 갖고 기도해야 한다고 확신시키기를 시도하리라는 계획을 갖고 있었다. 그는 잘못된 방향에서 시작하고 있었다. 그에게 필요한 것은 사람들에게 능력이 부여되는, 그 교회의 새로운 오순절이었다. 갱신된 사람들은 기도의 용사들이 된다. 그들은 기도할 수밖에 없다. 그들의 새로워진 믿음은 다른 사람들의 치유를 위한 기도를 그들의 삶의 목표로 만들어 준다.

신약성경을 주의 깊게 연구해 보면, 두 차원의 믿음이 나타나고 있다.

첫 번째 차원의 믿음은 그리스도를 우리 주와 구주로 믿도록 하시는 성령의 선물이다. 이것이 본질적인 믿음이다.

두 번째 차원의 믿음은 특별한 필요와 도전들을 위해 우리에게 주어지는 기적을 일으키는 믿음이다. 바울은 고린도전서 12장에서 이 믿음을 성령의 은사로 언급하고 있다. 예수를 주로 시인하도록 우리에게 믿음을 주시는 바로 그 성령(3절)께서 특별한 상황이나 사람의 삶에 베풀기를 원하시는 것을 마음속에 그리고 구하는 담대한 믿음이라는 특별한 은사를 주시는 것이다.

우리는 믿음의 이러한 두 차원을 이해할 때, 오늘날의 너무나 많은 그리스도인들에게 필요한 것을 이해하게 된다. 그들은 구원을 얻기 위해 그리스도를 믿지만 담대한 믿음이라는 영적 선물은 받지 않았다. 바울이 지혜와 지식의 은사에 이어서 믿음의 은사를 언급하고 있음을 주목하라(고전 12:7-9). 그것은 주님께서 중보 기도를 위해 우리를 준비시키는 과정을 보여 준다. 그분은 자신의 계획과 목적을 알 수 있는 지혜를 주신다. 그 다음으로 그분은 지식, 즉 그분이 어떤 사람의 삶 가운데 행하시기 원하는 일에 대해 계시하신 내용에 대한 실제적인 적용을 우리에게 제공하신다. 그리고 나서 그분은 우리가 상상 속에 그려 볼 수 있도록 도와 주신 내용을 믿고, 믿음으로 구할 수 있는 용기를 제공하신다.

이 모든 선물은 지금 당장 여러분과 나에게 제공된다. 그 선물들이 없다면 우리는 주님께서 주시기를 바라는 다양한 차원의 치유를 위해 기도할 동기를 부여받지 못할 것이다. 그리고 그런 선물을 받을 때까지는, 우리가 기도하는 내용은 주님께서 의도하시는 기적을 빗나가게 될 것이다.

주님의 응답. 주님께서 중풍병자를 치유하신 이 기사 가운데 계시되어 있는 중보 기도에 대한 강력한 진리는, 주님께서 우리가 바라는 수준에서가 아니라 우리가 기도하는 대상들의 가장 깊은 필요의 차원에서 응답하신다는 것이다. 그분은 우리의 기도 대상들을 우리 보다 더 잘 알고, 이해하고 계신다. 사람들을 위한 우리의 기도는 너무나 자주 상황적인 것이 되곤 한다. 우리는 문제들의 해결, 방향의 인도, 또는 육체적, 감정적 질병의 치유를 위해 기도한다. 이런 것들은 가장 심오한 필요들이 아닐 수도 있다.

주님께서는 우리 영혼의 내적 상태의 핵심을 관통하신다. 그분은 기막히게 독창적인 방법으로 우리의 기도 대상들을 다루신다. 어떤 경우에, 그분은 우리의 기도 대상이 자신을 더 깊이 신뢰하도록 우리가 해결되기를 간구하는 문제를 사용하기도 하신다. 또는 그 사람이 자신을 찬양하고 더 성장할 수 있도록 축복을 베푸실 수도 있다. 우리가 알아야 할 것은 주님이 치유자라는 사실과, 우리가 그들을 그들의 필요들과 함께 그분께 완전히 맡길 경우에, 그분이 자신의 타이밍과 계획에 따라 우리의 기도에 응답해 주시리라는 사실뿐이다. 주님의 시간표와 의제(議題)는 우리의 시간표와 의제보다 훨씬 좋다. 에벌린 그린웨이(Evelyn Greenway)는 이 사실을 아름답게 표현하고 있다.

> 아마도 당신은 내가 요즘 어떻게 지냈는지
> 궁금하실 거예요.
> 정말 놀라운 건
> 제 영혼이 최근에 큰 힘을 얻은 것이랍니다.
> 저는 예수님과 함께
> 당신을 방문했습니다.
> 다른 어느 누구도 그렇게 할 수 없지만
> 그분은 힘을 주실 수 있음을 알기 때문에
> 저는 당신을 은혜의 보좌 앞에 내려 놓을 때
> 가장 따뜻한 느낌을 갖게 됩니다.
> 가장 안전한 곳에
> 당신과 당신의 문제를 내려 놓았기 때문입니다.

예수님께서 중풍병자를 치유하시기 전에 그의 죄를 용서해 주신 것은 영적인 것들과 육체적인 것들 사이의 밀접한 관계를 단언하셨던 것이다. 그분이 이 사람의 중풍병이 죄로 말미암았다고 말씀하지 않으신 사실을 주목하라. 주님께서는 오히려 그의 영적, 육체적 무능력을 동시에 다루셨다. 그분은 우리와 우리의 기도 대상들 모두를 위해 역사하시는 것이다.

우리 모두에게는 용서받을 필요가 있는 죄가 있다. 앞서 말했듯이, 죄는 표적을 빗나가는 것, 우리의 삶의 어떤 영역에서 주님으로부터 분리되는 것, 또는 고의적으로 십계명이나 하나님을 사랑하고 이웃을 내 몸 같이 사랑하라는 더 큰 계명을 어기는 것이다. 자기 뜻대로 살려고 하는 것은 그보다 더 작은 죄들을 초래하는 근본적인 죄이다. 그리고 우리에게는 고백할 필요가 있는 죄가 있다. 죄를 고백할 때, 우리는 우리의 육체적인 치유를 방해하는 모든 것으로부터 해방된다. 그것은 우리의 기도 대상들에게도 해당된다.

하나님께 영광을 돌림. 중풍병자가 치유받은 기적의 또 다른 측면은 그와 사람들이 하나님께 영광을 돌렸다는 것이다. 나는 가장 큰 목소리로 찬양을 한 사람들이 지붕 위의 네 사람이었을 것이라고 생각한다. 그들의 영웅적인 인내를 칭송한 사람은 아무도 없었다. 그건 다행스러운 일이었다. 그들은 그 기적이 일어나게 했다는 공을 차지하고, 그들의 믿음의 위업이 미래에 끼칠 영향력을 상실했을 가능성도 있다. 우리가 주님께 영광을 돌리기만 한다면, 그분이 우리가 사랑하는 사람들을 위해 행하실 일에는 아무 제한이 없다.

며칠 전 나는 어떤 사람에게 그의 아들에게 일어난 변화에 대해서 이야기했다. 그 젊은이는 오랜 기간 동안 반항과 기행(奇行)을 일삼았다. 그 사람은 자기 아들에 대한 내 말에 이렇게 대답했다. "나와 내 아내의 기도가 없었다면, 그 아이의 변화는 일어나지 않았을 겁니다." 주님께는 아무런 영광도 돌리지 않은 채, 자기들의 기도에 모든 공적을 돌린 것이다. 우리는 기도에 대한 믿음을 가질 것이 아니라 기도를 들으시고 응답해 주시는 주님을 믿어야 하는 것이다.

과거에 받은 응답들을 인해 찬양을 드리는 것은 미래에 일어날 새로운 필요들을 놓고 중보 기도할 수 있는 힘을 제공해 준다. 주님께서는 기꺼이 자신에게 영광을 돌리는 사람의 중보 기도를 기쁘게 들어 주신다. 우리는 새로운 문제를 대할 때 주님께서 이전에 행하신 일을 인해 주님께 감사드리기를 잊는 경우가 너무나 많다.

우리 교회에서는 최소한 아침 예배의 처음 오분 동안을 주님께서 전날에 베풀어 주신 축복들을 인해 감사하도록 격려한다. 그것은 새롭게 감사하고 찬양을 드릴 수 있도록 도와 준다. 나는 아침 경건의 시간을 종종 다음과 같은 찬양으로 시작한다. "받은 복을 세어 보아라. 크신 복을 네가 알리라. 받은 복을 세어보아라. 주의 크신 복을 네가 알리라". 나는 마지막 구절을 이렇게 바꿔 부른다. "주님께서 네게 행하실 일이 너를 기쁘게 하리라." 그 가사는 박자는 안 맞지만, 과거의 축복을 인해 찬양하고 미래의 축복을 기쁘게 받는 신자가 주님과 나누는 지극히 중요한 관계에 초점을 계속 맞출 수 있도록 도와 준다.

또한 우리의 기도 대상들의 필요들을 아뢰기 전에 주님께 영광을 돌리는 것은 중보 기도에 궁극적인 자유를 제공하는 신뢰이다. 나는 그것이 효과가 있음을 알고 있다. 내 기도를 들으시고 자신의 뜻에 따라 응답하시는 주님께 감사를 드릴 때, 나는 참으로 근심과 염려를 떨쳐 버릴 수 있다. 또한 그 찬양은 우리가 최상이라고 생각한 것은 아니라 하더라도 주님께서 주시는 것을 받을 수 있도록 우리를 해방시켜 준다.

이 모든 것은 우리가 가버나움에서 일어난 일을 실제로 우리 마음속에 새겨둘 때, 우리의 것이 된다. 여러분이 가장 큰 관심을 갖고 있는 사람을 그 들것에 실으라. 그를 주님 앞에 내려 놓는 모습을 마음에 그리라. 그 사람을 완전히 그분께 맡기라. 주님께서는 여러분의 믿음을 보시고, 가장 깊은 차원에서 그 사람을 치유하실 것이다. 그리고 이미 시작된 그분의 치유의 기적을 인해 주님을 찬양하라.

부정적인 태도들을 극복하라

제 6 장

제6장

부정적인 태도들을 극복하라

　이제까지 내가 만난 사람들 중에서 가장 긍정적인 사람 중 한 사람은 정력적인 선교사이자 저술가였던 스탠리 존스(E. Stanley Jones)였다. 몇 해 전인가 내가 펜실베니아, 베들레헴(Bethlehem, Pensylvania)에서 목사로 있을 때, 이 명랑한 사람이 우리 집에 손님으로 머물면서 우리 교회에서 설교를 했다. 그와 함께 짧은 며칠 동안의 시간을 보내는 것은 즐거운 일이었다. 그의 긍정적인 태도는 모든 대화와 그가 전한 모든 메시지를 통해 전달되었다. 나는 그에게 삶을 향한 이러한 긍정적인 태도의 배후에 무엇이 자리잡고 있는지를 질문했다. 그의 대답은 이런 것이었다. "나는 예수 그리스도를 나의 삶의 주로 믿고 있습니다. 그리고 나의 모든 존재와 소유를 그분의 주권에 복종시켰습니다."

　그가 다음 설교 약속을 위해 떠날 시간이 이르러, 내가 비행장으로 그를 모시고 갔다. 그는 80대였음에도 불구하고, 20대의 정력을 가지고 비행기 계단을 올라갔다. 그는 비행기 문 안으로 들어가기 직전에, 뒤를 돌아 보면서 내게 손을 흔들었다. 그는 우리에게 잘 알려지게 된 제스추어를 취했다. 그는 세 손가락을 들어 올렸다. 그 세 손가락은 각각 그의 정력적인 삶에 힘을 주고, 그 삶을 인도해 준 세 단어, "예수님은 주님이십시다"(Jesus is Lord)를 상징하는 것이었다.

이 일이 일어난지 얼마 후에 주님의 정력적인 이 제자는 심장 마비로 쓰러졌다. 존스 박사는 89세 때 그의 인생의 가장 어려운 싸움 중 하나에 직면하게 된 것이다. 그럼에도 불구하고 그는 다시 말하고 걸어다니리라고 결심했다. 마비 상태가 지속되었음에도 불구하고, 그는 주 예수님께 대한 견고한 신뢰에 뿌리 박은 긍정적인 태도를 유지하였다. 그는 스스로 기도할 뿐 아니라 세상의 모든 사람들에게 자기가 다시 걸을 수 있도록 기도해 달라고 요청했다. 그를 위해 철야 기도가 드려졌다. 존스는 또한 간호사나 친구에게 자기가 잠에서 깰 때마다 "나사렛 예수의 이름으로 일어나 걸으라"라는 말씀을 암송해 줌으로써 힘을 불어넣어 달라고 부탁했다.

보스톤 병원(Boston Hospital)에서 다섯 달을 보내는 동안, 존스 박사는 자신이 정상적인 언어 구사를 회복해 나가는 진행 과정을 기록하기 위해 녹음기를 사용하였다. 그 다음으로 그는 자기가 이미 출간한 많은 책들에 추가될 또 한 권의 책을 구술하여 받아 적게 하기 시작했다. 그가 저술하기 시작한 책의 제목은 그의 삶을 특징지어 주는 태도를 표현하는 것이었다. 그 제목은 『신성한 예스』(The Divine Yes)였다.

불굴의 기도 용사이자 소망의 전달자인 그는 가는 곳마다 그 제목을 통해서 자신의 기도의 비결을 계시하였다. 스탠리 존스는 인도의 선교사로 사역하고, 후에는 세계 전역을 순회하는 전도자로 사역한 일생 내내 자신의 생각을 통제함에 있어서 주님의 영을 추구하였다. 주님의 "예스"는 그가 날마다 인도를 받고 사역의 전략을 세움에 있어서 끊임 없이 가장 크게 갈망한 것이었다. 주님의 능력을 확신하고 그분의 권위에 복종한 그는 어렵고 복잡한 문제들 가운데 할 수 있고, 하고 싶은 일의 무제한적인 가능성에 "예스!" 하는 태도를 산출했다. 그는 심장마비에서 회복되는 과정 내내 긍정적인 태도를 유지하였다. 그는 이 기간 동안 이런 글을 썼다. "아직까지 내게는 우울한 순간이 없었다!"

존스 박사는 회복을 위해 그가 사랑했던 인도의 히말라야로 옮겨갔을 때, "하나님의 예스"에 대한 긍정적인 태도를 잃지 않았다. 마침내 그는 다시 걷고 주님이신 그리스도를 호소력 있게 전파할 수 있게 되었다. 그는 그의 영생의 이 부분이 다 마치고, 천국의 성도들의 찬양에 그의 긍정적인 목소리로 동참하러 간 날까지 강한 믿음을 잃지 않고 그리스도 안의 승리로운 삶을 전파하였다.

예수님이 주님이시라는 스탠리 존스의 확신은 그의 외적인 표현 ─ 주님께 "예스!" 하는 긍정적인 태도의 근원이었다. 적극적으로 사역하거나 건강을 회복하는 과정에 있어서, 그러한 태도는 그의 지성과 감정과 의지와 몸이 그리스도의 영의 흐름을 받아들일 수 있도록 문을 열어주었다.

태도들: 그것들의 엄청난 결과

나는 여러분과 함께 우리의 태도가 우리 또는 우리 주변의 사람들 안에서 역사하는 그리스도의 치유의 능력을 돕거나 방해하는 데 끼치는 엄청난 영향력을 탐구하고자 한다.

태도는 응결되어 확신으로 변한다. 태도는 우리의 내적인 생각의 외적 표현이다. 우리와 우리 주위에 일어나고 있는 일에 대한 우리의 지각은 우리의 행동과 말과 얼굴의 표현과 보디 랭귀지를 통해 표현된다. 긍정적인 태도들은 질병으로부터의 치유와 회복을 촉진하고 가속시킨다. 의심이나 불신에 뿌리박고 있는 부정적인 태도들은 사실상 우리의 치유를 가로막는다. 회복하려는 의지와 우리의 몸을 치유하시는 그리스도의 능력에 대한 신뢰는 절대적으로 필수적이다. 그것이 없다면, 우리의 뇌는 우리의 신경계에 잘못된 신호들을 보내 치유 과정을 좌절시킬 것이다.

마찬가지로, 사랑하는 사람들과 친구들의 질병들에 대한 우리의 부정적인 태도들은 회복을 향한 그들의 싸움을 두 배로 힘들게 만든다. 그리스도의 치유의 능력에 대한 확신의 결여는 회복하려고 씨름하는 사람에게 짐이 된다. 우리는 그것을 가리려고 애쓰지만, 우리의 눈은 우리가 감히 말로 표현하지 못하는 생각들을 표현한다. 두려워하는 태도나 의심하는 마음으로 포기되는 태도는 우리의 생각하는 두뇌가 혼란에 빠진 가운데 억압되어 있는 메시지를 드러내는 것이다.

그것은 우리에게 경종을 울려 준다. 우리는 우리 자신과 다른 사람들의 질병을 직면할 때 어떻게 부정적인 태도를 다룰 수 있는가? 생각을 통제하는 게임들은 좀처럼 도움이 되지 않는다. 우리 자신이나 다른 사람들의 문제들을 부정하려는 노력들도 도움이 되지 않기는 마찬가지이다. 부정적인 태도는 사물을 보고 우리가 그것을 변화시킬 수 없다고 생각하기 때문에 일어나는 결과이다.

반면에, 질병의 와중에 나타나는 진정한 긍정적 태도는 그리스도께서 이 세상의 치유의 능력이심을 아는 결과이다. 그러나 그보다 더 중요한 사실은 긍정적인 태도들이 우리 자신을 삶의 모든 영역에 대한 그분의 주권 하에 두는 결과라는 것이다. 그리스도를 믿는 많은 사람들이 그분의 주권에 복종하지 않았다. 우리의 삶이 여전히 우리 자신의 주권 하에 있는 한, 우리의 질병에 대한 그분의 주권을 받아들이는 것은 어려운 일이다. 질병이 닥칠 때, 우리는 그분의 주권이 우리의 삶 전체를 주관하기를 원치 않은 채로 도움과 치유를 달라고 부르짖는다.

이것은 병에 걸리는 모든 사람이 그리스도의 주권을 거부한다는 말은 아니다. 또한 그것은 치유를 기다려야 하는 모든 사람이 은밀하게 자신에 대한 그분의 주권을 거부한다는 의미도 아니다. 그 말의 의미는 우리의 삶을 전적으로 복종시키는 것이 그리스도께서 우리 몸에 치유의 기적(당장이든 시간이 걸려서든)을 일으키실 수 있는 긍정적인 태도를 산출한다는 것이다. 전적인 위탁은 주님이 주관자시라는 확고한 확신을 초래한다. 우리는 주님의 방법과 때를 따라 이뤄지는 그분의 치유를 여유 있게 받을 수 있다. 그분이 우리의 치유자시라는 사실을 신뢰하지 않는 태도는 우리 안에서 일어나는 그분의 영의 역사를 지연시키거나 가로막는다.

다시 한 번, 우리는 우리의 생각의 성경적인 기초가 되는 예수님의 사역의 실제적인 예들로 돌아가게 된다. 주님의 치유 사역에 영향을 끼치는 사람들의 태도가 갖는 엄청난 능력을 계시해 주는 두 가지 사건이 있다. 자신의 종의 치유를 간청한 백부장은 긍정적인 태도의 능력을 보여 준다. 반면에 예수님의 고향인 나사렛 사람들은 부정적인 태도의 결과를 보여 준다. 예수님께서는 두 경우 모두 다름이 없으셨으며, 그분의 치유하시는 권세 또한 변함 없었다. 각각의 경우, 사람들의 태도는 그리스도께서 기꺼이 행하고자 하신 일이 무엇인지를 신비스럽게 결정하였다. 그 두 상황을 조심스럽게 검토하여 오늘날 우리의 삶을 위한 몇 가지 교훈을 끌어내 보자.

믿음에 기초한 긍정적인 태도

우리는 마태복음 8:5-13과 누가복음 7:1-10에서 예수님께 자기 종의 치유를 간구한 백부장의 이야기를 대하게 된다. 마태복음은 그가 예수님께 친히 나아 온 것으로 기록하고 있는 반면에, 누가복음은 회당의 장로들이 그 대신 온 것으로 기록하고 있다. 그 종의 치유를 호소한 방법 상의 차이는 문제가 되지 않는다. 중요한 것은 그 호소이다. 그것은 예수님께 대한 믿음과 그분의 치유하시는 능력에 대한 믿음에 기초한 긍정적인 태도를 표현하고 있다.

백부장에 대한 두 기사를 연결지어 볼 때, 우리는 그를 다음과 같이 묘사할 수 있다. 그는 100명의 군인을 다스리는 로마 장교였다. 그는 팔레스타인에 복무하고 있는 동안 히브리 종교를 접하고 하나님을 경외하는 사람이 되었다. 그것은 히브리인들의 하나님을 믿었으나 할례를 받고, 모세의 율법과 의식들을 지킴으로써 완전히 유대교로 개종하지 않은 사람을 지칭하는 말이다. 그는 이스라엘을 사랑하여 회당을 지었다.

그리스도의 권세를 받아들이라

그 백부장은 분명히 예수님을 주시했으며, 그분의 기적과 전능하신 사역들을 알고 있었다. 그는 종이 병들자 즉시 예수님께 도움을 구했다. 그는 로마 장교로서 권세를 이해하고 존중하고 있었다. 그는 권세 하에 살고, 그의 수하에 있는 사람들에게 권세를 행사하도록 훈련받았다. 그것은 커다란 특권이었다. 그는 예수님이 권세 있는 분이심을 주시했다. 그는 주님께서 질병에 대해 행사하신 권세를 목격하였다. 그는 하나님으로부터 위임된 그 권세를 존중했으며, 기꺼이 자신과 자신의 종의 치유를 그분의 권세 하에 두었다.

그 백부장이 그리스도의 권세에 대해서 표현한 생생한 확신을 주목하라. 예수님께서 마비된 종을 도와 달라는 호소에 "내가 가서 고쳐 주리라"고 대답하셨을 때, 그 백부장은 그의 긍정적인 태도에 응결되어 있는 확신을 표현하였다.

> 백부장이 대답하여 이르되 주여 내 집에 들어오심을 나는 감당하지 못하겠사오니 다만 말씀으로만 하옵소서 그러면 내 하인이 낫겠사옵나이다 나도 남의 수하에 있는 사람이요 내

아래에도 군사가 있으니 이더러 가라 하면 가고 저더러 오라 하면 오고 내 종더러 이것을 하라 하면 하나이다(마 8:8, 9)

예수님께서는 그가 자신의 권세를 받아들인 사실에 크게 놀라시면서 그 백부장에게 놀라운 칭찬의 말씀을 하셨다. "내가 진실로 너희에게 이르노니 이스라엘 중 아무에게서도 이만한 믿음을 보지 못하였노라"(마 8:10). 그러고 나서 종을 치유해 달라는 요청에 응답하시면서 예수님께서는 이렇게 말씀하셨다. "예수께서 백부장에게 이르시되 가라 네 믿은 대로 될지어다 하시니 그 즉시 하인이 나으니라"(마 8:13).

백부장의 종은 예수님께서 그를 움직이지 못하게 만든 질병에 대한 권세를 행사하신 그 순간, 먼 곳에서 치유를 받았다. 그 치유가 신체적인 접촉 없이 이뤄진 사실을 주목하라. 그 사실은 우리와 우리의 기도 대상 사이의 거리가 별 차이를 낳지 않는다는 사실을 확신시켜 준다. 그리스도의 치유의 능력은 그분의 권세 있는 명령을 통해 역사한다. 그리고 그분의 영이 우리로 하여금 기도하게 하실 때 그 능력은 더욱 크게 역사한다. 즉, 예수님께서 행하실 수 있고, 행할 준비를 갖추고 계신 일을 향한 참으로 긍정적인 태도를 산출하는 역동적인 믿음의 가장 중요한 요소를 우리가 소유하고 있다면 말이다.

예수님께서 백부장의 신앙에서 발견하신, 이스라엘 백성에게서 발견한 것보다 더 큰 믿음의 증거가 어떤 것이었을까? 이스라엘 백성 중에는 제자들과 치유를 받은 사람들, 그리고 그 당시 예수님을 따르던 많은 사람들이 포함되었음을 기억하라. 그 백부장의 말은 역동적인 질(質)을 노출하고 있다. "나도 남의 수하에 있는 사람이요 내 아래에도 군사가 있으니." 남의 수하에 있는 동시에 자기 수하에 사람을 둔 그는 하나님 아래 있으며, 악과 질병의 권세에 대한 권세를 소유하신 예수님의 권세를 이해하고 받아들일 수 있었다. 그는 자신과 자신의 종의 질병을 그리스도의 권세 하에 둘 수 있었다. 바로 그것이다! 예수님께서 모든 이스라엘 사람에게서 발견하신 모든 믿음을 초월하는 그리스도에 대한 백부장의 믿음의 요소는 바로 그분의 권세에 대한 복종이었다. 그 복종은 예수님께서 기꺼이 그 사람의 종을 치유하신 배경을 창출하였다.

그리스도의 권세에 복종하는 것은 이 책의 주제인 "안 될 이유가 어디 있는가?"라는 표현이 담고 있는 기대에 넘친 신뢰를 산출하는 필수적인 요소이다. 우리의 마음을 주관하시는 그리스도의 권세에 날마다 시종 일관 복종하는 것은 그분이 행하실 수 있는 일에 관한 확신 있는 생각을 산출한다. 그리고 그 생각은 삶을 향한 긍정적인 태도를 초래한다.

부정적인 태도: 불신과 의심

예수님께서 고향인 나사렛에 가셨을 때 그분에게 일어난 일을 고찰해 보자. 그분은 회당에서 가르치셨다. 그리고 마태복음과 마가복음(마 13:53-58, 막 6:1-6)에 따르면, 그분은 고향에서 몇 사람을 치유하셨다. 예수님께서 사역을 시작하시기 전 30년 동안 그분을 알았던 이웃들의 반응은 놀람과 불신이었다. "고향으로 돌아가사 그들의 회당에서 가르치시니 그들이 놀라 이르되 이 사람의 이 지혜와 이런 능력이 어디서 났느냐 이는 그 목수의 아들이 아니냐 그 어머니는 마리아, 그 형제들은 야고보, 요셉, 시몬, 유다라 하지 않느냐 그 누이들은 다 우리와 함께 있지 아니하냐 그런즉 이 사람의 이 모든 것이 어디서 났느냐 하고"(마 13:54-56).

예수님께서는 이러한 의심과 믿음의 부재에 대해서 스스로에 대한 불신 때문에 권세를 거부하는 인간의 태도에 관한 분석으로 자주 인용되는 말씀을 하셨다. "선지자가 자기 고향과 자기 집 외에서는 존경을 받지 않음이 없느니라"(마 13:57). 사람들은 이웃 중 한 사람이 예수님께서 하신 것과 꼭같은 일을 행한다는 사실을 이해할 수 없었다.

예수님을 직접 만나기 전에 나다나엘이 제기한 질문은 아마도 자신들에게 자존심이 결여 되어 있음을 표현한 예수님의 고향 사람들의 말이었을 가능성이 있다. "나사렛에서 선한 것이 나올 수 있느냐?"

마태와 마가는 예수님의 권세를 인정하지 않는 그 사람들의 태도가 어떤 결과를 초래했는지를 단호하게 진술하고 있다. "그들이 믿지 않음으로 말미암아 거기서 많은 능력을 행하지 아니하시니라"(마 13:58). 그리고 마가도 그와 동일한 슬픈 결론을 내리고 있다. "거기서는 아무 권능도 행하실 수 없어 다만 소수의 병자에게 안수하여 고치실 뿐이었고"(막 6:5). 그 두 기사 모두 주님께서 아무 권능도 행하실 수 없었음을 밝히고 있으며, 마가는 그분이 소수의 병자를 고치셨을 뿐이라고 말하고 있음을 주목하라.

나는 많은 능력이 일어나지 않은 사실과 소수의 병자만이 치유받은 사실이 지적해 주는 차이점이 무엇인가를 가끔 궁금하게 여겨 왔다. 단 한 번의 치유도 능력의 역사가 아니었을까? 분명히 그렇다. 하지만 마가는 치유의 질 아니면 그보다 훨씬 더 심오한 어떤 것을 언급하고 있다. 아마도 결여되어 있었던 것은 의심을 믿음으로 변화시키는 능력이었을 것이다. 사람들은 자기들의 고향 사람 중 하나가 그러한 지혜와 능력을 부여 받은 하나님의 아들이라는 사실을 믿을 수 없었다. 그리고 그러한 의심의 배후에는 메시아이신 예수님의 권세에 복종하기를 꺼려하는 마음이 자리잡고 있었다.

　백부장과는 달리, 나사렛 사람들은 권세 하에 있지도, 권세를 소유하고 있지도 않았다. 그들은 자기들의 삶에 대한 하나님의 권세를 거부했으며, 그분이 자신의 영광을 위해서 자기들에게 맡기신 책임을 잘못 사용하고 있었다. 그들은 온 이스라엘 백성이 겪었던 보편적인 환상에 사로잡혀 있었다. 그들은 자기들의 삶에 대한 하나님의 권세를 가장 은밀하고도 교만한 방어책—종교와 규례와 제도들—으로 거부하였다. 예수님께서는 이전에 나사렛을 방문하셨을 때(눅 4:16-30), 메시야를 예언한 이사야서 61:1, 2을 읽으시고 그 예언이 자신 안에서 성취되었다고 선언하셨다. 그 때, 그들은 그분을 경멸하면서 마을에서 쫓아냈다. 하나님의 권세를 거부한 그들은 그분의 보내심을 받았다고 분명히 주장하신 분에게도 마음을 닫았던 것이다.

　백부장이 보여 준, 그리스도의 권세에 근거한 믿음과 대조적으로, 나사렛 사람들은 예수님께서 많은 능력을 행하실 수 있다는 사실에 대해서 너무나 부정적인 태도를 드러냈다. 그리고 그 결과로 예수님께서는 다른 곳에서 행하실 수 있었던 권능을 그들 중에서는 행하시지 않았다.

예수님께서 가신 곳―그분의 고향을 제외한―마다 사람들 중에 믿음이 싹텄다. 주님의 영은 예수님이 다른 곳을 방문하셨을 때와 다름 없이 그곳에도 임재하셨다. 다른 곳에서는 주님의 삶과 메시지가 사람들을 깊이 감동시켰으며, 주님의 영이 그들에게 그분을 믿는 믿음을 부여하였다. 그분을 믿은 사람들은 치유를 받고, 죄 또는 질병의 권세에서 구원받았다. 그러나 나사렛에서는 그렇지 않았다. 그들은 예수님의 권세에 복종할 수 없었다. 그 결과로, 그들은 그분이 자기들의 육신적, 영적 필요들을 위해서 행하실 수 있는 일에 대해 부정적인 태도를 표현하였다.

이 두 기사―백부장과 나사렛 사람들―에서 끌어낸 통찰을 통해서, 우리는 우리 자신과 삶과 주위 사람들뿐 아니라 주님의 치유하시는 능력의 가능성에 대한 부정적인 태도들의 더 깊은 원인들을 발견하게 된다.

그리스도의 권세를 거부함

나의 논지는 부정적인 사람들은 권세에 복종하기를 거부하고, 권세를 취하기를 거절하는 사람들이라는 것이다. 이 말이 의미하는 바를 설명해 보고자 한다. 우리 대부분은 우리 자신의 권세 하에 살고 있다. 우리가 주도권을 잡고 있다. 우리는 우리 자신의 목표를 설정하고, 우리 자신의 우선순위를 세우며, 본질적으로 우리 자신의 힘을 의존한다. 우리는 인간적인 차원에서 우리에 대한 권세를 거부하며, 잠정적으로는 우리의 삶에 대한 주님의 권세를 거부하는 것이다.

우리는 인생의 도전과 어려운 일들에 직면하지만 그것들을 해결할 수 없을 때, 우리 자신을 권세와 힘이나 지혜의 근원으로 신뢰할 수 없음을 인식하게 된다. 우리는 인생의 요구들에 대처하는 우리 자신의 능력을 불신하게 된다. 그것은 방어적인 태도로 은폐된다. 우리는 삶과 사람들에 대해서 부정적인 태도를 취하게 된다. 자신 뿐 아니라 다른 사람들도 신뢰하지 않게 되는 것이다.

우리의 통제를 초월하는 더 큰 권세가 없고 우리의 행사할 수 있는 한계를 초월하는 능력이 없을 때, 우리는 인생의 기회나 문제들 가운데 담겨 있는 긍정적인 가능성에 대해서 거의 확신을 갖지 못하게 된다. 우리는 나사렛 사람들처럼 된다. 즉 주님께서 행하실 수 있고, 행할 준비를 갖추고 계신 일을 기대하거나 받아들이는, 실행력 있는 믿음을 소유하지 못하게 되는 것이다. 그렇게 되면 우리는 우리 자신의 삶에 대한 그분의 권세에 복종하지 않고, 그 결과로 그분이 우리 또는 우리 주변의 악과 질병, 또는 절망에 대해 행사하실 수 있는 권세를 체험할 수 없게 될 것이다. 스탠리 존스와 달리, 우리는 신적인 "예스!"에 "노!"라고 대답하는 것이다.

그러나 이 장의 목적은 부정적인 사람들에 대해서 부정적이 되는 것이 아니다. 오히려 그 목적은 그리스도의 권세 하에 자신을 두고, 그 결과로 질병에 대한 그분의 권세를 체험한 사람들의 긍정적인 태도를 강조하는 것이다.

질병을 그리스도의 권세에 복종시켜라

나의 친한 친구 한 사람이 요즘 암 치료를 받고 있다. 몇해 전에, 그녀는 그리스도의 권세에 복종하고, 그분을 자신의 삶 가운데 초청하였다. 그런데 그것은 그녀를 육체적인 질병으로부터 면제시켜 주지 않았다. 오히려 그것은 그녀에게 그 치유 과정을 크게 촉진시킨 긍정적인 태도를 제공하였다. 주님을 확신하게 된 그녀는 친구들에게 기도를 요청했다. 우리는 그녀의 병이 낫기 전에, 그녀의 병이 주님의 시간과 방법으로 치유될 것을 선언하고 주님께 미리 감사를 드렸다. 그녀 또한 "나는 치유받았다"라는 확신을 잃지 않고 있다. 의사들은 자기들의 예상을 훨씬 앞서는 그녀의 회복 속도에 크게 놀라고 있다.

여러 해 동안 주님의 권세 하에 살았던 그녀는 자신의 병을 그리스도의 치유의 권세 하에 둘 수 있었다. 그녀는 예수 그리스도의 이름의 강력한 권세를 믿고 있다. 그녀는 마음과 몸이 신비스럽게 연결되어 있음을 확신하고 있다. 그리스도의 권세에 대한 그녀의 분명한 생각은 일종의 신호들을 그녀의 몸에 보내 그 질병과 싸우게 만들고 있다. 이것은 그리스도의 치유하시는 영과 짝을 이뤄 그녀의 건강을 회복시켜 주고 있다.

나는 병든 사람들을 돌보는 과정에서 그들의 치유의 전환점이 그들이 자기들의 처지를 주님께 맡기고, 미래에 대한 질긴 주권을 포기하고, 완전한 신뢰 안에서 안식을 찾을 때 일어나는 모습을 너무나 자주 발견하게 된다. 그런 경우에 일어나는 뚜렷한 변화는 우선 그들의 태도에 나타난다. 그들은 자기들의 삶에 미치는 주님의 능력에 관해 긍정적이 된다. 그리고 그것은 회복 과정에 주님께서 사용하시는 잠재적인 치유의 자원들을 몸에 전달하게 된다.

우리 중 많은 사람들이 치유의 능력을 놓치는 이유 중 하나는 우리가 결과를 확신하고 싶어하기 때문이다. 우리는 주님의 치유를 원할 때, 그분이 우리가 원하는 방법으로 행하시리라고 확신하지 않기 때문에, 그분의 치유를 기대하면서 그분의 이름으로 담대하게 기도하기를 소홀히 한다. 불신의 영은 우리의 문화에 침투하여 우리의 마음을 오염시키고 있다. 질병에 대한 두려움과 공포는 우리를 무력한 희생제물로 만든다. 우리는 최악의 상황을 예상하면서 그 궁극적인 발생에 대비하는 것이다.

그리고 나서 병에 걸릴 때, 우리는 주님의 위로와 확신이 얼마나 필요한가를 깨닫게 된다. 그러므로 우리는 인내할 수 있도록 그분의 힘을 간구한다. 우리는 실망할까 두려워 치유를 받기 위해 기도하기를 두려워한다. 그렇다면 우리는 어떤 처지에 처하게 될 것인가? 연약한 마지막 신뢰의 한가닥 끈이 닳아서 끊어지는 것이 될 것이다. 그것 역시도 우리 스스로 모든 것을 주관하고자 하는 노력의 일환이다.

우리의 삶 전체를 주님의 통제 하에 두는 것은 그분으로 하여금 그분의 계획에 따라 역사하시도록 허락해 드리는 것이다. 결국, 우리는 살든 죽든 그분께 속해 있다. 그리고 나중에 논의하겠지만, 죽음은 영생에 이르는 한 이동 과정에 불과하다. 그러나 그 동안에, 우리가 직면하는 육체적인 문제들은 주님께 드려지고, 그분의 권세 하에 있어야 하며, 그분이 생각하는 최선의 방법으로 해결되어야 한다.

다른 사람들을 위해 기도함에 있어서 그리스도의 권세 하에 있는 것은 치유하는 대리인이 되는데 요구되는 신비스러운 요구 조건이다. 그 백부장이 그 사실을 입증했다. 권세를 받아들이는 방법을 알 때, 우리는 그것을 우리의 기도 중에 실천할 수 있다.

치유하는 교회

초지일관 그 삶과 프로그램과 방향을 주님께 헌신하는 성실한 교회는 치유하는 교회가 될 수 있다. 목사들과 제직들과 성도들이 함께 그 사람을 그리스도께 복종시킬 때, 그분은 자신의 치유의 능력을 행사하신다. 기적들이 일어나기 시작하는 것이다. 사람들이 회심하고, 삶이 변화되며, 치유가 풍성해지는 것이다.

그 결과 치유의 분위기가 형성된다. 긍정적인 태도가 예배와 모임들과 소그룹들에 차고 넘치게 된다. 정죄와 판단이 주님의 임재와 능력에 대한 즐거운 긍정으로 대체된다. 그것은 사람들이 자기들의 삶에 대한 주권을 양도하고, 문제들을 주님께 맡기도록 그들을 해방시켜 준다.

긍정적인 태도들을 유지할 수 있도록 서로 돌보고 격려하는 후원 그룹들은 그리스도의 통제에 대한 확신에 뿌리박고 있다. 우리 모두에게는 주님께서 우리의 어려운 문제들에 대해 행하실 수 있는 일에 긍정적인 사람들이 필요하다. 우리는 신앙의 분위기 가운데 성경을 공부하고, 필요들을 함께 나누며, 서로를 위해 기도하기 위해 만날 때, 홀로 있지 않다는 느낌을 갖게 된다. 그리고 그룹에 속한 다른 사람들의 긍정적이고 신뢰하는 모습이 우리를 염려와 근심으로부터 해방시켜 준다.

우리 교회의 한 남자는 긍정적인 사람들의 교제와 기도 그룹이 발휘하는 영향력을 체험하였다. 그가 그 그룹에 동참했을 때는 고질적인 병으로 고생하고 있었다. 그 그룹의 많은 사람들은 태도 상의 변화를 체험한 사람들이었다. 그래서 그들은 그 남자의 가장 나쁜 적이 바로 그 자신이라는 사실을 발견하였다. 그는 여러 해 동안 교회에 출석한 그리스도인이었지만, 여전히 자신의 욕구에 지배되고 있었으며, 그리스도의 지배 하에 있지 않았던 것이다.

그 그룹의 구성원들은 자기들의 삶과 문제들을 주님께 맡겼을 때 어떤 일이 일어났는가를 그와 함께 나누었다. 그들의 즐겁고 확신 있는 태도가 그 남자에게 깊은 인상을 심어 주었다. 그들은 그가 자신의 영혼 주위에 쌓은 방어적인 보호막을 한거풀씩 벗겨나갔다. 그의 병이 절정에 달해 위기에 봉착했을 때, 그 그룹은 시간마다 그를 방문해서 주님에 대한 그들의 확신의 빛으로 그의 우울한 태도를 공략했다. 그의 부정적인 태도는 그의 면역 체계의 효율을 떨어뜨리고 있었다.

어느 날 그 그룹이 그의 주위에 모여서 그의 머리에 손을 얹고 예수 그리스도의 이름으로 기도했다. 그는 주님의 영이 그를 고통으로부터 해방시켜 주시는 확실한 증거로 어떤 힘이 자기 몸에 퍼지는 것을 느꼈다. 그 후에 그는 건강을 회복하였다. 의사의 치료와 투약은 극한까지 증가되어 있었다. 그가 더 긍정적이 될수록, 그리스도께서 미래를 다스리신다는 사실에 대한 그의 확신도 더 커졌다. 그의 새로운 소망과 믿음의 태도는 그의 부신피질(adrenal cortex)에 영향을 끼쳐, 그의 면역 체계의 효율을 증대시켰다. 그리스도께서는 동료 모험가들의 긍정적인 태도의 사역을 통해서, 남은 일생을 병들어 지냈을 그 남자의 부정적인 태도로부터 해방시켰고, 어떤 일이 일어나든지 미래를 다스리시는 그리스도의 주권에 자신을 맡기도록 만들어 주셨다.

　슬프게도 그와 정반대 되는 일이 내가 며칠 전에 대화를 나눈 한 여자에게 일어났다. 그녀도 질병과 싸우고 있었다. 그러나 그녀는 근심과 자기 중심적인 태도에 뿌리를 박은 부정적인 태도에 사로잡힌 가족에 둘러싸여 있었다. 그 부인은 병에 걸릴 때까지, 그 가족 전체의 반석이었다. 그녀가 병에 걸렸을 때, 그녀의 남편과 장성한 자녀들이 감정적으로 떨어져 나갔다. 그녀를 잃을지도 모른다는 그들의 두려움은 그들의 과도하게 우울한 태도에 나타났다. 그녀는 이렇게 말했다. "저는 두 가지 싸움을 하고 있어요. 하나는 질병과의 싸움이고 또 하나는 제 가족의 부정적인 태도와의 싸움이죠. 그들이 제가 회복되지 않을까 두려워 하는데, 어떻게 제가 회복될 수 있겠습니까?"

　그 말은 병에 걸린 사랑하는 사람들과 친구들을 향한 우리 자신의 태도는 과연 어떤가라는 도전을 우리에게 안겨 준다. 우리는 짐을 더하고 있는가 아니면 덜어 주고 있는가? 그리스도의 권세에 대한 우리의 헌신은 우리의 태도가 긍정적인가 아니면 부정적인가를 결정할 것이다.

　그리스도께서는 지금도 살아서 우리와 함께 계시며, 나사렛 예수셨을 때 질병에 대해 행사하신 것과 동일한 권세를 소유하고 계신다. 그 치유는 우리가 그분을 전적으로 신뢰하고, 그분을 통할 때 모든 일이 가능함을 믿고, 그분이 우리의 사고와 삶에 대한 전반적인 태도를 변화시키시도록 허락할 때 온전하게 받을 수 있다.

　나는 여러분의 태도를 확실히 알 수 없다. 하지만 우리 자신과 다른 사람들의 치유와 건강에 우리의 태도가 끼치는 강력한 영향력에 대한 탐구는 나로 하여금 이런 질문을 던지게 만든다. 나는 나사렛 사람들 같은가 아니면 백부장 같은가? 그리고 그 질문은 나를 다음과 같은 기도로 인도한다.

"주여. 주님께서는 하늘과 땅의 모든 권세를 소유하고 계십니다. 저의 삶을 주님의 권세에 맡깁니다. 주님께서 저와 제가 관계를 맺고 있는 사람들의 삶을 주관하신다는 확신으로 제 마음을 사로잡아 주옵소서. 저와 그 사람들을 주님께 맡깁니다. 주여, 그러한 위탁이 현재와 미래에 대한 기쁨과 소망을 산출하는 새롭고, 긍정적인 태도를 초래하게 하소서. 불가능을 가능케 하시는 주님의 이름으로 기도드립니다. 아멘."

기억들의 치유

제 7 장

제7장

기억들의 치유

 온 세상이 주목했다. 감탄이 경탄과 섞여 있었다. 텔레비전 카메라들이 그 역사적인 사건을 가정에 전달함에 따라, 우리 모두의 내부의 깊은 갈망이 자극되어, 신비스러운 감동을 전달해 주었다.
 사람들이 우리에게 말하고 행한 일들에 대한 용서되지 않은 기억들 때문에 차갑게 굳어진 우리의 마음이 이상하게 부드러워지고 따뜻해졌다. 스스로 의롭다는 판단으로 말미암은 분노의 감정에 억눌리고 무시되었던 우리 내부의 갈망이 분출되고, 다시 한 번 우리 마음속에 내재해 있는 소망과 가능성의 복도를 걷게 되었던 것이다.
 한 위대한 사람이 행한 일에 대한 경탄이 갑자기 우리의 마음속에 상처로 쌓인 해결되지 않은 문제들을 해결할 것을 요청하는 도전이 되었다.
 교황 요한 바오로 2세(Pope John Paul II)는 로마에 위치한,

보안이 철저한 레베비아 교도소(Rebebbia prison)를 찾아 갔다. 그는 그가 형제라고 부른 한 죄수와 격리된 방 안에서 21분을 보냈다. 그 남자는 2년 반 전에 교황의 암살을 기도한 터키인 테러리스트, 알리 악카(Ali Agca)였다. 그 암살자가 쏜 세 발의 총탄은 교황의 배와 손가락과 팔꿈치를 관통했다. 그 결과로 그 영적 지도자는 건강을 회복할 때까지 삼 주 동안을 병원에서 보내야 했다.

이제는 완전히 건강을 회복한 그 교황은 훨씬 더 심각한 상처를 해결해야 했다. 증오로 가득 찬 한 인간이 그를 죽이고 싶어 했다. 그 암살자는 지금 보안이 철저한 감옥에 갇혀 있었다. 그 교황은 아주 다른 종류의 죄수―기억의 감옥에 갇힌―를 다뤄야 했다. 비록 요한 바오로 교황이 병상(病床)에서 방송을 통해 그 테러리스트를 용서했다고 전 세계에 공포했다 하더라도, 수백만의 로마 카톨릭 교도들의 영적 지도자이자 모든 그리스도인들의 존경받는 모범인 로마 주교로 섬기고 있는 그에게 주님께서 요구하신 것이 더 있었다. 교황은 스스로의 기도 중에 자기를 죽이려 했던 사람을 용서했다. 그러고 나서 그는 그를 용서했다고 세상 사람들에게 말했다. 이제 그는 그 사실을 그 사람에게 직접 말해야 했던 것이다.

카메라의 줌 렌즈들이 그 만남을 포착했다. 교황과 알리 악카는 얼굴을 맞대고 친밀한 대화를 나눴다. 교황은 자기를 죽일 뻔 했던 그와의 대화를 녹음하기 위해 장치한 녹음기를 지혜롭게 제거시켰다. 그 두 사람은 조용하게 대화를 나눴다. 21분이 지난 후에 두 사람은 눈물을 흘리고 있었다. 그 암살자는 교황의 반지에 입을 맞추고, 면도하지 않은 얼굴 위에 흘러내리는 눈물을 훔쳤다. 그는 용서를 받았다. 자기 죄를 영적으로 사면 받았던 것이다.

그 역사적 방문 후에 공적으로 발표된 성명에서 교황은 이렇게 말했다. "이년이 지난 오늘 나의 암살자를 만나서, 병원에서 표현했던 용서를 되풀이할 수 있습니다. 저는 하나님께서 비상하고도 놀라운 방법으로 모든 일을 인도해 주셨다고 말할 수 있습니다." 그는 계속해서 이렇게 말했다. "오늘은 한 사람, 한 그리스도인, 그리고 로마의 주교인 저의 생애에 역사적인 날입니다."

그 사면이 악카의 형량에 영향을 끼치지는 않았다. 교황은 그런 의도를 품고 있지 않았다. 그가 의도하고 이루고자 했던 것은 원수를 사랑하고, 우리를 약화시키는 불쾌한 기억들을 정결케 하라는 예수님의 명령이었다.

세상 사람들 대부분이 이러한 용서의 행동을 치하한 반면에, 일부는 분개했다. 어떻게 교황이 이전에 지은 살인죄와 이번의 암살 기도로 종신형을 선고받고 복역 중인 자를 공적으로 용서할 수 있느냐는 것이었다. 악카는 이스탄불(Istanbul)에서 터키인 신문 편집인, 압디 이펙키(Abdi Ipekci)를 살해했다. 그가 교황의 암살을 기도한 것은 탈옥한 직후였다. 그런데 교황은 그를 형제라고 불렀던 것이다.

터키의 일간지 밀리에트(Milliyet)는 세계인의 마음에 다른 감정들을 불러 일으켰다. 그것은 정의감과 잘못을 용서하지 않는 감정들이었다. 밀리에트의 대변인은 이렇게 말했다. "충격적인 사실은 교황이 그를 형제라고 부르고 그의 완전한 신뢰를 기뻐한다고 말하고 있다는 것이다. 어떻게 교황이 아직도 이펙키의 피로 물들어 있는 테러리스트를 믿는다고 말할 수 있다는 말인가?"

그 대변인이 이해하지 못한 것은 그 교황이 언급한 "완전한 신뢰"는 그 영적 지도자가 주도한 죄의 고백이 친밀하고 솔직한 분위기 하에 이뤄졌다는 사실이었다. 악카는 분명히 비할 데 없는 그의 사랑에 반응을 나타내고, 자기가 그에게 끼친 가증스러운 테러 행위를 고백하였다. 그러자 그 교황은 사면의 권세, 즉 그리스도께서 모든 그리스도인들에게 맡기신 용서의 권세를 중재하였다.

우리는 그 용서가 그 암살자의 영적 생활에 끼친 추후의 결과를 결코 알 수 없다. 우리가 아는 사실은 그 교황이 자기의 목숨을 거의 잃을 뻔했던 기억을 치유하는 권세를 받아 표현했다는 사실이다. 여러분의 반대자들의 거부와 원수들의 성난 증오를 느끼는 것과 여러분을 죽이고 싶어했던 사람의 폭력을 다루는 것은 전혀 다른 문제이다. 그것은 어떤 지도자의 영혼에든 깊은 상처를 남긴다. 그런데 교황은 자신의 영혼의 내적 평안을 소중히 여겼으며, 상처를 주는 치유되지 않은 기억들을 품고 있는 것이 자신이 영적 지도자로서 미래에 미칠 영향력에 너무나 치명적이라고 생각했다. 교황이 화평케 하는 자로 감옥에 간 것은 악카와 그 자신에게 필요한 것이었다.

상처를 주는 치유되지 않은 기억들

1981년의 바쁜 기독교 시즌에 일어난 이 사건이 미디어와 모든 사람의 큰 주목을 받은 이유는 자기가 받아들이는 진리에 따라 말하고 행동하기를 고집한 그 교황의 명성 때문이 아니었다. 우리가 경탄과 감탄을 금치 못하는 진정한 이유는 우리 모두에게 치유되지 않은 기억들이 있기 때문이다. 사람들의 말과 행동이 우리 영혼을 괴롭히고 있다. 우리는 우리가 옳고, 우리의 판단이 의로우며, 용서하지 않으려는 마음이 벌을 가하는 유일한 길이라고 믿는다. 그러나 우리가 마음속 깊은 곳에서 알고 있는 사실은 용서를 표현하지 않고 먼저 화해하는 자가 되기를 거절함을 통해서 벌을 가하는 것이, 우리에게 잘못을 가한 사람들에게 입히는 것보다 더 큰 피해를 우리 자신에게 입힌다는 사실이다.

우리가 다른 사람들을 용서하지 못하는 것은 대개 우리 자신의 실패에 대한 기억들과 연관되어 있다. 우리 모두는 우리 자신을 정죄하게 만드는 언행에 대한 괴로운 기억들을 가지고 있다. 우리는 종종 다른 사람들에게보다 우리 자신에게 가혹하다.

기억력은 하나님께서 우리에게 주신 선물이다. 우리는 이 선물을 가지고 연구와 경험을 통해 지식을 축적한다. 우리의 두뇌 내의 기억 창고는 우리가 기억한 자료와 정보뿐 아니라 우리와 우리 주변에서 일어난 모든 일을 담고 있다. 그런데 문제는 우리의 기억력에 선별력이 없다는 것이다. 우리는 똑같은 강도로 좋은 기억과 나쁜 기억들을 단단히 붙들고 있는 것이다.

자기 아내들에 대해서 대화를 나눈 두 남자에 관한 우스운 이야기가 있다. 한 사람이 자기 아내를 무척 사랑하지만, 말다툼을 할 때마다 아내가 히스토리칼(historical)해 진다고 말했다. 그러자 다른 사람이 "히스테리칼(hysterical)해진다는 말이겠지." 그러자 그 사람은 "아니, 히스토리칼하다니까. 내 아내는 계속 과거지사(過去之事)를 늘어놓는다네."라고 말했다.

그 이야기의 요점은 아내들 뿐 아니라 남편들에게도 적용된다. 그 이야기는 남편들에 관해 대화를 나누는 아내들이나 자기들의 기억에 쌓여 있는 상처들을 입힌 친구들에 관해 대화를 나누는 두 친구—남녀 모두에게 해당된다—에게도 적용될 수 있다. 우리 모두에게 있어서 히스토리칼한 사람들은 우리를 히스테리칼하게 만들거나 미래의 잠재력을 발휘함에 있어서 비합리적이거나 무능력하게 만들 수 있다. 우리는 우리가 행한 일이나 다른 사람들이 우리에게 행한 일에 대한 괴로운 기억들을 어떻게 다뤄야 하는가?

우리를 불안하게 만드는 사실은 우리가 우리 자신을 치유할 수 없다는 것이다. 괴로운 기억들을 다시 떠올리는 것은 종종 그 기억들을 더 악화시킨다. 그 기억들을 친구나 훈련된 상담자에게 솔직하게 밝히는 것은 그 기억들이 끼치는 악한 영향력에 초점을 맞추기는 하지만, 대개는 잊거나 용서하는 능력이 생기는 것은 아니다. 우리에게 상처를 주는 기억들은 우리 자신의 지각이나 평가에 맡겨지기보다는 고등 법원에 맡겨지는 편이 더 나은 것이다. 일단 과거를 긁어 올리게 되면, 우리는 실제로 일어난 일을 다루고, 그 다음으로 치유를 받고 전하기 위해 우리 자신의 능력보다 더 큰 능력을 필요로 하게 되는 것이다.

기억의 치유자, 그리스도

이 세상의 치유의 능력이신 예수님만이 과거의 고통을 치유하실 수 있다. 우리의 삶에 역사하는 그분의 치유의 핵심적인 측면은 기억의 치유이다. 그것은 우리의 몸에 역사하시는 성령의 역사가 육체적인 치유의 분명한 근원인 것과 마찬가지이다. 예수님께서는 우리의 중추신경의 기억을 담당하는 부분의 조직들로부터 우리가 그분께 내어맡긴 괴로운 기억들을 삭제하실 수 있다.

요한복음 8:1-11에 기록되어 있는 간음하다 잡힌 여자의 치유에 대한 기사는 기억들을 치유하시는 그리스도의 능력을 이해하고 적용할 수 있도록 도와 준다. 서기관과 바리새인들은 예수님을 시험하기 위해 그 여자를 사용했다. 그분은 그녀가 새 삶을 살지 못하게 방해하고 있었던 그녀 안의 혼란스러운 기억들을 치유하시는 길을 여시기 위해 그 바리새인들의 마음속에 자리잡은 치유되지 않은 기억들을 사용하셨다. 그들 사이의 차이점은 그 여자는 치유를 받은 반면에, 서기관과 바리새인들은 그들 스스로의 실패들이 남긴 상처들을 가지고 살도록 내버려졌다는 것이다. 그들의 상처들은 노출되기는 했지만 치유되지는 못했던 것이다.

주님께서 어떻게 그렇게 하셨는지를 기억하는가? 그 여자는 서기관과 바리새인들에 의해 예수님께로 끌려 오기 전에 간음 현장에서 체포되었다. "예수께 말하되 선생이여 이 여자가 간음하다가 현장에서 잡혔나이다 모세는 율법에 이러한 여자를 돌로 치라 명하였거니와 선생은 어떻게 말하겠나이까"(요 8:4-5). 그들은 손에 돌을 든 채로 그렇게 말했다.

그들의 관심사는 그 여자의 죄가 아니라 예수님을 시험하는 것이었다. 그 종교 지도자들은 예수님께서 모세의 율법을 실제로 부인하는 자료를 원했다. 만일 그분이 그녀를 용서하시거나 그녀의 처형을 반대하신다면, 그들은 그분을 책잡을 수 있는 한 가지 중요한 단서를 잡을 수 있었다.

배경을 간단히 살펴 보는 것이 유익할 것이다. 그 지도자들은 유대 율법에 대한 예수님의 해석을 원했다. 모세의 율법은 그 여자의 죄가 돌로 쳐 죽이는 벌을 받아야 한다고 분명히 말했다. 그러나 로마인들은 사형을 집행하는 권한을 유대인들에게서 박탈했다. 만일 예수님께서 그 여자를 돌로 쳐야 한다고 말씀하심으로 모세의 율법을 지지하셨다면, 그분은 로마 법을 어긴다고 고소 당하셨을 것이다. 반면에, 모세 율법에 관대한 태도를 보이시는 것은 도덕적인 기준을 낮추셨다는 비난을 당하게 만들었을 것이다. 그 지도자들은 그분을 풀 수 없는 함정에 빠뜨렸다고 생각했다. 그러나 그렇지가 않았다.

예수님께서는 즉시 대답하지 않으셨다. 그 대신 그분은 허리를 숙이시고, 땅바닥에 손가락으로 글을 쓰셨다. 그분이 무엇을 쓰셨는지에 대해서는 셀 수 없을 정도로 많은 이론이 제기되어 왔다. 어떤 사람들은 그분이 그 지도자들에 대한 진노를 참으시는 동시에 어떻게 반응할 것인가를 숙고하시는 동안 땅에 아무 뜻도 없는 글자를 쓰셨을 것이라고 생각한다. 또 다른 사람들은 그분이 서기관과 바리새인들이 행동으로는 아니라 하더라도 그 태도로 어겼을 가능성이 있는 십계명 중의 어떤 계명을 쓰셨을 것이라고 추측해 왔다.

나는 아마도 예수님께서 "아브라함이 나기 전부터 내가 있느니라"라든가 "내가 … 세상의 빛이로라"(요 8:58, 9:5)처럼 자신의 신적 권세를 선언하신 나는 여호와(I Am, Yahweh)라는 히브리어 단어들을 쓰셨을 것이라고 종종 생각해 왔다. 그분은 그 표현을 23번 사용하셨다. 그것은 모세의 율법이나 로마법에 대한 그분의 권세를 단언하신 것이다. 또 다른 어떤 사람들은 예수님께서 땅에 쓰신 것이 그 지도자들이 그분께 대답을 강요했을 때 말씀하신 내용이었을 것이라고 추측해 왔다. 요점은 우리가 확실한 내용을 모른다는 것이다. 그 내용이 무엇이었든 간에, 그것은 서기관과 바리새인들이 예수님께서 하신 말씀의 영향력을 충분히 느끼는 길을 예비했던 것이다.

예수님께서는 자리에서 벌떡 일어나사 자신을 고발한 자들을 정면으로 바라보시고 이렇게 말씀하셨다. "너희 중에 죄 없는 자가 먼저 돌로 치라"(7절). 그분은 그렇게 말씀하시는 중에 모세의 율법이나 로마법을 부정하지 않으셨다. 그분은 그 지도자들이 스스로의 삶 가운데 저지른 과거의 죄에 대한 기억들을 간파하심으로써 그 두 가지 법을 모두 뛰어 넘으신 것이다. 주님께서는 그 단호한 말씀을 단호한 방법으로 말씀하셨을 것이다. 그분이 얼마나 단호하게 그 말씀을 하셨을까를 상상해 보라.

"죄 없는"이라는 두 단어로 번역된 단어는 헬라어로는 한 단어이다. 그것은 본성과 성격과 체험 상 죄로부터 완전히 자유로운 것을 의미한다. 오직 그리스도만이 그렇게 주장하실 수 있다. 사실상 그분은 이렇게 말씀하고 계셨다. "오직 죄 없는 사람만이 그 형벌을 집행할 수 있는 권리를 소유하고 있다—오직 하나님과 그의 메시야 만이 그런 자격을 소유하고 있다." 그 지도자들은 충격을 받았다.

그들 자신의 기억 창고로부터 과거의 죄에 대한 기억들이 쏟아져 나왔다. 그것은 간음의 영역에 속한 것은 아니라 하더라도, 분명히 하나님의 율법의 다른 조항들을 어긴 죄들이었을 것이다. 그러나 그들 중 어느 누구도 자기를 방어하거나 자기 죄를 고백하기 위해 자리에서 일어나지 않았다. 그들은 가장 나이 든 사람으로부터 한 사람, 한 사람씩 돌을 내려놓고 슬그머니

사라졌다. 예수님으로부터 스며나오는 능력과 권세를 대면한 그들은 현실을 직시하게 되었다. 그러한 직시는 언제나 결단, 묵상, 또는 회개를 요구한다. 그러나 그들 중 어느 누구에게도 회개할 용기가 없었다.

서기관과 바리새인들이 모두 떠났을 때, 예수님께서는 그 여자에게 사랑과 용서를 베푸셨다. 그분은 그녀로 하여금 그녀의 고발자들이 모두 사라졌음을 보게 하셨다. 그분은 이렇게 말씀하셨다. "여자여 너를 고발하던 그들이 어디 있느냐 너를 정죄한 자가 없느냐." 그녀는 놀란 채로 주위를 돌아 보며, "주여 없나이다"라고 대답했다. 그러자 모세보다 크시고 로마의 모든 군대보다 더 큰 능력을 보유하신, 무죄하신 분이 신적인 권세를 가지고 그녀에게 절실히 필요한 치유를 주는 용서를 제공하셨다. "나도 너를 정죄하지 아니하노니 가서 다시는 죄를 범하지 말라"(10, 11절).

우리는 갈보리의 이편에서 동일한 말씀을 듣게 된다. 무죄하신 분이 우리의 죄를 지고 영단번의 희생 제사를 드리심으로써 그 죄를 대속하셨다. 우리는 그분을 통해서 의롭다함을 얻었다. "무죄하다!"는 판결을 받은 것이다.

용서, 정화(淨化), 치유

이제 우리 마음의 컴퓨터들로부터 우리가 품고 있는 과거의 실패와 실수와 잘못들에 대한 모든 기억들이 지워질 수 있다. 그 기억들은 용서되고 정화되지 않을 경우에, 우리 마음에 곪아터지게 된다. 어떤 기억들은 너무나 고통스럽기 때문에 무의식

속에 억눌려 있으면서도, 의식적인 이성에 죄책과 두려움과 긴장과 염려로 물든 생각들을 신호로 보낸다. 결국 그 생각들은 자기를 정죄하거나 두려워하는 태도로 응고된다. 우리는 예수 그리스도를 믿으면서도 여전히 우리의 실패들과 사람들이 과거에 우리에게 가한 고통스러운 말과 행동에 대한 기억들을 안고 있을 수 있다. 상처를 주는 그 기억들은 무거운 짐이 된다. 우리를 그 짐에서 해방시켜 주는 것은 우리를 향한, 그리고 우리를 통해 다른 사람들에게 전달되는 그리스도의 용서를 깊이 체험하는 것뿐이다. 우리는 "나도 너를 정죄하지 아니하노라"라는 그리스도의 말씀을 듣고 적용할 필요가 있다. 마지막으로 우리는 그 말씀을 우리에게 상처를 준 사람들에게 할 필요가 있다.

그렇게 하는 한 가지 방법은 기도 요법이다. 나는 그 요법이 매우 유익하다는 사실을 발견해 왔다. 방해받지 않는 시간을 몇 시간 가져 보라. 편안함을 느낄 수 있는 조용한 곳을 찾으라.

주님께서 임재하시고, 여러분이 그분께 속해 있으며, 그분이 여러분을 무제한적으로 사랑하신다는 사실을 기도하는 마음으로 묵상하는 시간을 가지라. 여러분을 위한 그분의 대속의 죽음에 관해 생각하라. 여러분에게 거저 주어진 그분의 용서에 관해 묵상하라. 다음과 같은 말을 반복해서 읽어 보라. "나는 용서받았다. 내가 이렇게 고백하는 것은 용서받기 위함이 아니라 이미 용서를 받았기 때문이다. 나는 그 사실을 믿고, 그것을 나의 삶을 위한 기초로 받아들인다."

이제 펜과 종이를 취하라. 주님께 여러분의 생각을 여러분을 괴롭히는 모든 기억들로 인도해 주시도록 간구하라. 여러분의 마음이 지난 세월을 자유롭게 떠돌아 다니게 하라. 각각의 고통스러운 기억을 주의 깊게 적으라. 이것은 여러분이 주님과 함께 나누는 은밀한 시간이다. 그 기억들이 흘러넘칠까 두려워하지 말라. 무엇이 여러분으로 하여금 죄책감과 상처와 염려를 느끼게 만들고 있는가? 여러분이 행한 일과 다른 사람들이 여러분에게 행한 일을 모두 적으라. 아직까지 그 행동들을 판단하지 말라. 마음에 떠오르는 것을 기록하기만 하라.

　기억들의 흐름이 가라앉기 시작할 때, 여러분은 그 목록을 놓고 하나 하나씩 특별 기도를 드릴 준비를 갖추게 된다. 그리고 나서 여러분의 행동이나 여러분에게 일어난 일에 대한 여러분의 느낌을 주님께 자세히 말씀드리라. 주님께서 이미 갈보리를 통해 주신 용서를 구하라. 그리고 나서 여러분이 용서, 완전한 사면을 받은 사실을 인해 주님께 감사하라. 여러분 자신의 실패—그것이 무엇이든 간에—에 대한 각각의 기억의 경우에, 여러분 자신의 이름을 부르고, 자신에게 그리스도께서 여러분을 정죄하시지 않기 때문에, 여러분도 더 이상 자신을 정죄하지 않는다고 선언하라. 그 기억들이 다른 사람의 언행을 포함하는 경우에는, 여러분의 마음의 눈으로 그 사람을 그리고 그 사람의 이름을 부르고 용서를 선언하라.

　주님께서는 그 전 과정을 인도해 주실 것이다. 그분의 치유의 영은 여러분이 자신을 향해 느끼는 고통과 죄책감과 판단, 그리고 다른 사람들을 향한 분노를 씻어 없애실 것이다. 그 일은 일어날 수 있으며, 또 일어날 것이다.

배상(賠償)과 고백

배상과 고백이 짝을 이뤄야 하는 때, 즉 기억이 우리가 사람들에게 상처를 준 언행을 포함하는 때가 있다. 이것은 반드시 그리스도의 영의 인도 하에 이뤄져야 한다. 그분께 여러분이 기꺼이 그렇게 할 준비를 갖추고 있다고 말씀드리라. 만일 그분이 그 기억을 여러분의 생각에 다시 떠오르게 하신다면, 반드시 그분의 인도에 따라 행동하라.

용서를 구하기 위해 다른 사람을 찾아갈 때, 전반적인 상황을 상세하게 되풀이 하지 말라. 잘못을 시인하고, 여러분의 언행을 유감스럽게 여긴다는 사실을 표현하고, 용서를 구하라. 그 만남의 성공은 그 사람이 여러분을 용서한다고 말할 수 있는 지의 여부에 달려 있지 않다. 여러분은 상대방의 반응이 아니라 여러분의 배상에 대한 책임을 지고 있는 것이다.

여러분이 사람들에게 용서를 표현하는 경우에도 주님께서 여러분을 인도하셔야 한다. 용서의 표현을 사람들에게 그들이 얼마나 여러분에게 상처를 주고 괴롭혔는가를 상기시키는 기회로 사용하지 말라. 그것은 더 많은 죄책감을 산출하는 고소가 되는 것이다. 다만 그들에게 여러분의 사랑과 용서를 확신시키라. 그러고 나서 그 사실을 말과 행동으로 다시 확신시키라. 우리가 누군가를 진정으로 용서했는지의 여부에 대한 확실한 시금석은 용서할 필요를 유발한 그 사람의 말이나 행동을 그 사람이 하지 않은 것처럼 행동하느냐는 것이다.

이러한 기도 요법과 배상은 자주 실천되어야 한다. 우리는 상처를 주는 기억들을 모으는 경향이 있기 때문에, 그것들을 정기적으로 배출시킬 필요가 있다. 주님께서는 언제나 우리를 도울 준비를 갖추고 계신다. 사실상 그분은 우리 안에 소원을 두고 행하게 하신다. 우리를 창조하신 그분은 우리를 재창조하기를 원하시는 것이다.

기억들과 육체적인 건강

우리의 영적, 감정적, 육체적 건강은 일관성 있는 기억들의 치유에 달려 있다. 기억은 우리의 생각하는 두뇌, 기술적인 용어로 대뇌 피질(cerebral cortex)이라고 부르는 것의 기능의 일부이다. 그것은 기억뿐 아니라 생각하고, 상상하고, 꿈꾸고, 말하는 것을 포함하는 정신적인 기능들을 책임진다. 대뇌 피질은 시상하부(hyphothalamus), 뇌하수체(pituitary), 그리고 내분비선(endocrine glands)을 통해서 혈관에 호르몬을 주입할 뿐 아니라 우리의 감정, 심장 박동, 호흡을 통제하는 대뇌 변연계(limbic system)와 밀접하게 연결되어 있다. 대뇌 변연계는 대뇌 피질로부터 그 메시지들을 받는다.

우리가 생각하는 내용은 우리의 신경계 전체와 신체의 기능들에 영향을 끼친다. 우리가 고통스러워하거나, 염려하거나, 스트레스를 받을 때, 경보 체계가 작동하여 대뇌 변연계의 감정적, 심리적 반응들을 초래하게 되는 것이다. 우리는 혼란스럽거나 일관성 없는 반복되는 스트레스 하에 있을 때, 우리의 체계는 계속 긴장 상태에 놓이게 된다. 그리고 그 결과 중 하나는 대뇌 변연계가 카테콜라민(catecholamins)라고 부르는 화학 물질이 혈관 안으로 들어가게 펌프질을 하게 된다. 이 물질은 콜레스테

롤 치수를 높이고, 응고 혈소판(clotted platelets)을 과잉 생산하고, 혈관과 동맥을 막히게 하는 결과들을 초래한다. 이렇게 흥분된 상태에서는 우리 몸의 면역 체계가 약화된다. 그리고 그 결과로 우리는 질병에 더 쉽게 걸리게 되는 것이다.

치유되지 않는 기억들은 대뇌 피질이 대뇌 변연계에 끊임없이 경보를 보내게 만드는 데 기여한다. 동일한 생각들이 반복되면, 마치 그 기억의 상황들이 여전히 실제로 일어나고 있는 것처럼 동일한 반응을 산출하게 되는 것이다. 나쁜 기억들을 쌓게 되면, 우리의 몸은 고도로 긴장한 상태에 남아 있게 된다. 기억을 상상과 짝지을 때, 우리는 실제로 상처를 주는 기억을 풀어놓게 되며, 그 결과로 우리의 감정과 몸이 그 상상에 따라 반응하게 되는 것이다.[1]

이제 우리는 우리의 기억들의 치유가 얼마나 중요한가를 이해할 수 있다. 기억들은 몸이 육체의 문제들을 떨쳐 버리고 제대로 기능을 발휘할 수 있기 전에 치유되어야 한다. 신경 체계 전체가 그리스도의 치유의 능력을 전달하는 통로가 되기 위해서는 육체적인 치유를 위한 기도는 반드시 기억의 치유를 포함해야 한다. 고통스러운 기억들을 키우는 것은 끊임없이 일정한 양의 독약을 마시는 것과 같다. 그것은 우리 자신에 대한 사랑이 부족하고 그리스도의 사랑과 용서를 받아들이기를 거부하는 증거인 것이다.

사람들이 영적, 육체적, 감정적 문제들의 치유를 위해 우리 교회의 장로들과 기도하기 위해 설교단 앞으로 나오도록 초청을 받는 매주마다 나는 내 초청에 기억의 치유를 포함시킨다. 나쁜 기억들은 자기를 정죄하거나 다른 사람들을 판단하는 부정적인 사고 패턴들 가운데 파괴적으로 자리를 잡기 전에 치유되어야 한다. 여러 해 동안 자기를 정죄하는 기억들로 상처 받아 온 사람들은 그 문제들을 가지고 앞으로 나와 치유를 받아 왔다. 다른 사람들에 대한 분노와 오랫동안 씨름해 온 사람들도 용서하고 잊어버리도록 치유를 받아 왔다. 때로는 기도 시간 후에 장로들의 상담이 이어진다. 사람들이 계속해서 그리스도의 치유를 받을 필요가 있는 경우에는, 그 사람들을 우리 교회의 창조적인 상담 센터(Creative Counselling Center)에 소속된 그리스도인 심리학자에게 의뢰하고 있다.

최근에 우리 교회에 참석한 한 방문객이 주일 예배의 치유를 위한 기도 초청에 응했다. 그는 한 장로에게 자기가 몇 달 동안 가슴의 둔통(鈍痛)으로 고통받아 왔다고 말했다. 그는 의사를 찾아가 철저한 진단을 받았다. 그 의사는 그에게 그의 문제는 스트레스이며, 여유를 가지고 살 필요가 있다고 말했다. 그가 의사에게 말하지 않은 것은 그가 자기를 떠난 아내를 향한 분노로 가득 차 있었다는 사실이었다. 이제 그는 세 명의 십대 자녀를 혼자 힘으로 키워야만 했다.

그 날 아침 설교 주제는 용서였다. 주님께서는 그 사람의 분노에 손을 대사 그에게 그것이 그의 가슴속의 감정적인 고통의 원인임을 계시해 주셨다. 그가 기도를 하러 설교단 앞에 나왔을 때, 그 장로는 성령의 인도를 따라 이렇게 물었다. "치유받을 필요가 있는 기억들을 갖고 계십니까?" 그는 그 장로가 보여 준 분별력에 깜짝 놀랐다. 그는 자기 마음을 채우고 있었던 분노에 대해서 간단히 설명했다. 장로가 기도하자 그 사람의 가슴속의 고통이 줄어들고, 기도가 끝날 때가 되어서는 완전히 고통이 제거되었다.

그 사람과 그 후 몇 주 동안 연락을 취한 그 장로는 그 치유의 기도가 그를 위한 새로운 삶의 시작이었다는 사실을 알게 되었다. 그는 날마다 기도하기 시작했으며, 매주 성경 공부와 기도를 위해 모이는 후원 그룹에 곧 가담하게 되었다. 그의 말이 그가 받은 치유를 잘 설명해 주고 있다. "그 주일에 드려진 치유 기도가 내 생명을 구원했다. 그것은 놀라운 일이었다. 나는 아내와 함께 보낸 시간 동안 겪은 고통과 이혼이 가져다 준 낙심을 통해서, 아내를 향해 분노하는 내가 옳다고 느끼고 있었다. 그러다 보니 그 기억이 나를 사로잡아 분노가 내 영혼 속에 불치병처럼 자라났다. 재미 있는 일은 내가 그 기간 내내 그리스도인이었으면서도, 아내를 용서할 수 없었다는 것이다. 이제 나는 새 삶을 살 수 있게 되었다."

과거로부터의 해방

기억들을 치유하시고 사람들을 과거로부터 해방시키시는 그리스도의 능력은, 그분이 우리 교회의 한 커플을 위해 행하신 일을 통해 더 예증되고 있다. 나는 이 이야기를 밝힐 수 있도록 허락을 받았다. 그 이야기의 주인공인 커플이 그 이야기를 알리기를 원했다. 그들은 자신들에게 일어난 일이 다른 커플들에게도 일어나기를 간절히 바라고 있다. 그들의 놀라운 치유는 용서의 능력을 체험한 결과로 일어났다.

나는 처음 그들에 대해서 들었을 때를 기억한다. 그들의 의사가 내게 전화를 걸었다. 그는 자기와 정신병 의사에게 내 도움이 필요하다고 말했다. 그 남편은 매우 심각한 위궤양의 원인이 되는 위의 문제들 때문에 병원에 입원해 있었다. 그의 위는 지나친 염려로 위벽이 손상되어 있었다. 그 의사는 이렇게 말했다. "우리는 함께 모여야 합니다. 우리의 이해에 따르면, 진정한 문제는 이 남자의 아내가 결혼 서약을 어긴 그를 용서하지 않으리라는 겁니다. 그 결과로, 그녀는 그를 정죄하고 멀리해야 한다고 생각하고 있습니다."

우리 다섯 사람—내과 의사와 정신과 의사, 그 부부, 그리고 나—이 함께 모였다. 우리는 그 상황에 관해 대화를 나눴다. 나는 그 아내에게 심층 상담이 필요하다는 사실을 깨달았다. 그녀는 자신의 분노가 정당하다고 생각하고 있었다. 그녀는 복수심을 품고, 자기 남편이 행한 일은 처벌받아야 한다고 느끼고 있었다. 그를 향한 그녀의 태도는 초연하고, 차갑고, 부정적이었다. 그 결과로 그녀는 두 사람 사이에 아무런 애정도 허락하지 않고, 그가 자기에게 상처를 입힌 사실을 끊임없이 그에게 일깨워 주고 있었다. 자기를 용서하고 새로운 기회를 달라는 그의 요청은 일언지하에 묵살되었다. 그와 동시에 그녀는 이혼을 하지 않은 채로, 남은 일생 동안 적개심을 품고 그와 함께 살기로 결심했다.

나는 그녀와 단 둘이서 오랜 시간 동안 대화를 나눈 후에, 이렇게 말했다. "자매님, 자신의 성생활 중에 실수를 하신 적이 없으십니까?" 그녀의 얼굴은 벌겋게 달아올랐다. 그녀는 잠시 후에는 얼굴이 백짓장처럼 창백해졌다. 그녀는 이렇게 말했다. "왜 그런 질문을 하시는 거죠? 목사님에게는 그런 질문을 하실 권리가 없어요. 그것이 제가 제 남편을 사랑할 수 없는 상황과 어떤 연관이 있나요?" 나는 계속 이렇게 말했다. "말씀해 주십시오. 태도나 행동에서 실수를 범하신 적이 한 번도 없으십니까?"

그러자 마음이 흔들린 그녀는 십대 시절에 연상의 남자와 실수를 범한 사실과, 그 결과로 일어났던 모든 문제들을 쏟아놓았다. 그녀는 아무도 모르리라 생각하고 그 사실을 숨겨 왔다. 그녀는 그 사실을 부모와 친구들에게 숨겨둔 채로 마음속 깊이 감춰 두었던 것이다. 용서받지 못한 그녀의 기억은 그녀로 하여금 끔찍스러운 분개와 진노로 남편의 실수를 다루게 만들었던 것이다.

그 여자는 최소한 한 사람이 자기 비밀을 알게 된 사실에 위안을 느낀 것 같았다. 그녀는 내가 비밀을 보장하리라는 사실을 확신했을 때, 그녀의 기억이 그녀에게 일으킨 죄책감과 분노와 연관지어 그 비밀에 대해서 자유롭게 이야기했다.

나는 적절한 기회에 이렇게 물어 보았다. "당신의 행위에 대한 죄책감이 당신 남편을 용서하는 일을 특별히 어렵게 만들었을 가능성이 있을까요? 용서를 받아들이고, 당신을 용서하지 못하는 것과 남편을 용서하기를 거부하는 것 사이에 어떤 관계가 있습니까?"

좀 더 대화를 나누는 과정에서 그녀는 남편의 실수가 그녀를 그녀의 실수로부터 해방시켜 주었음을 깨닫게 되었다. 그녀가 그에게 가한 행동은 사실 그녀 자신이 받아 마땅하다고 느꼈던 것이었다. 그러나 아무도 그 사실을 몰랐기 때문에, 그녀는 스스로의 재판관이 되어야 한다고 느꼈다. 기독교 신앙에 묶여 있었던 그녀의 어린 시절은 규칙과 규례에 제한되어 있었다. 용서에 대한 가르침이나 체험은 거의 또는 전혀 존재하지 않았다. 그리고 그녀가 마음속에서 행한 일은 하나님께서 결코 용서하지 않으실 일이었다. 그녀는 여러 해 동안 자기 감정을 억눌렀다. 그러고 나서 자기 남편의 실수를 접했을 때, 그녀는 그 감정들이 복수심과 함께 날아가게 만들었던 것이다.

나는 곤경에 처한 이 아내와 함께 그리스도의 용서와 무조건적인 사랑에 관한 성경의 진리를 나눴다. 그리고 우리는 그녀의 기억들을 치유하시는 그분의 능력에 대해서 대화를 나눴다. 주님께서는 그 대화를 축복해 주셨다. 주님께서는 그녀로 하여금 자신의 정죄에 관한 그릇된 개념을 잊게 하시고, 자신의 사랑에 관한 진리를 재고하게 만드셨다. 성경에 대한 그녀의 경외심은 큰 유익을 끼쳤다. 우리는 은혜를 다루는 구절들을 하나 하나씩 검토해 나갔다. 마침내 그녀는 상처를 주는 기억을 그리스도의 치유에 맡길 준비를 갖추게 되었다. 우리는 그녀를 향한 그리스도의 용서를 받아들이는 기도를 함께 드렸다.

그 다음 방문 시에, 우리는 그녀의 기억을 치유받은 사실이 그녀가 남편을 용서하는 데 함축했다는 것에 초점을 맞췄다. 그녀는 과거를 치유받았다고 느낀 후에 남편에 대한 생각이 어떻게 신비스럽게 변화되었는가를 이야기했다. 새롭게 부드럽고 따뜻한 마음이 그녀의 마음속에서 자라기 시작했다. 우리는 그녀의 말과 행동과 태도를 통해서 남편에게 용서를 전달할 수 있는 방법에 관해서 대화를 나눴다. 그녀는 자기가 사용할 수 있는 실제적인 말과 행동을 묘사하였다. 우리는 다시 기도했다. 그러고 나서 그녀는 남편에 대한 그리스도의 사랑을 전달하는 통로가 되고자 병원에 가기 위해 내 사무실을 떠났다. 그것은 효과가 있었다. 그녀는 자신이 치유받은 체험을 그에게 이야기하고, 그에 대한 용서를 부드럽게 표현했다.

그 후 몇 주 동안, 그 남편은 회복되기 시작했다. 그는 빠른 속도로 회복되어 귀가하게 되었다. 자신과 아내 사이의 새로운 관계에 힘을 얻은 그는 의사가 예상했던 것보다 훨씬 빨리 직장으로 돌아갈 수 있었다.

아내의 용서를 체험한 것은 그의 앞에 놓인 영적 순례 여행의 시작에 불과했다. 그는 여전히 주님의 용서를 받을 필요가 있었다. 나는 그가 매 주일 교회에 나와 열심히 말씀을 듣는 모습을 보았다. 그러던 중 어느 주일에 그가 회중석의 통로로 나와 장로 중 한 사람과 함께 기도 드리는 모습을 보고 뛸듯이 기뻤다. 그는 자신의 실수에 대한 주님의 용서를 구하고, 자신의 기억의 치유를 간구했던 것이다.

몇 주 후에 그 남편과 아내가 앞으로 나와 기도를 드렸다. 후에 그들은 이렇게 소리쳤다. "오늘 아침 예배의 마지막 부분은 치유 예배 이상이었습니다. 우리에게 그것은 재혼 예배였답니다." 그것은 사실이었다. 이 세상의 치유의 능력이신 그리스도께서는 그들의 개인적인 기억들을 치유하신 다음에, 그들을 다시 하나로 만드셨다. 그들의 빛나는 얼굴을 보는 동안 나는 "나도 너를 정죄하지 아니하노라"는 주님의 말씀이 내 영혼 속에 울려 퍼지는 것을 느꼈다. 그러고 나서 나는 마음속으로 바울의 말씀을 가지고 노래를 불렀다. "그러므로 이제 그리스도 예수 안에 있는 자에게는 결코 정죄함이 없나니"(롬 8:1).

바로 그 일이 일어나고 있다. 그리스도는 교황이나 우리 모두를 위한 기억의 치유자이시다. 우리는 "그분이 내 안에서 치유하기를 원하시는 기억이 어떤 것일까?"라고 묻고 싶은 충동을 느낀다. 그분께 그 기억에 관해 말씀드려라. 그러면 그분은 여러분이 용서를 받고 용서할 수 있는 능력을 받을 수 있도록 도와 주실 것이다.

죄가 질병의 원인인가?

제 8 장

제8장

죄가 질병의 원인인가?

　언젠가 마크 트웨인(Mark Twain)은 고전이란 모든 사람이 알고 있지만, 아무도 읽지 않는 책이라고 말한 적이 있다. 나는 고전적인 질문이란 모든 사람이 묻지만, 소수 만이 대답하기를 시도하는 질문이라고 제안하고 싶다.

　여러 세기 동안 제기되어 왔으며, 오늘날 더 자주 제기되고 있는 가장 성가신 고전적인 질문 한 가지는 "죄가 질병의 원인인가?"라는 것이다. 사람들이 자신을 위해 기도하거나 다른 사람들이 그들을 위해 중보 기도하는 데도 계속 아플 때, 흔히 사람들은 어떤 숨겨진 죄가 있거나 치유 되지 않은 과거의 기억이 있어서 여호와의 치유의 능력을 가로막고 있다고 생각한다.

　나는 사람들이 서로 다른 여러 가지 방식으로 이러한 질문을 제기하는 모습을 보아 왔다. 내가 최근에 방문한 한 남자는 심장마비를 일으켜 자리에 누워 있었던 사람이었다. 그는 이렇게 물었다. "로이드 목사님, 제가 무슨 일을 해서 이런 일을 겪게 되었을까요? 저는 하나님께서 제게 이런 일이 일어나게 하시도록 만든 죄를 범했음에 틀림 없습니다."

오랫동안 병을 앓았던 한 여자도 눈물을 흘리면서 꼭 같은 생각을 밝혔다. "저는 기도했어요. 그런데 주님께서 응답해 주시지 않는 것 같았어요. 제게 무슨 잘못이 있거나 제가 기도하는 방식에 문제가 있음에 틀림 없어요. 제가 치유를 받지 못했으니 말이에요. 저는 그것이 무엇일까 계속 찾고 있어요. 저는 잠자리에 누워 그것이 무엇일까 곰곰이 생각했어요. 저는 제 생애 가운데 기억해낼 수 있는 실수나 허물을 모두 고백하고 또 고백했지만, 여전히 낫지 못하고 있어요. 주님의 치유를 받기 위해서 제가 더 할 수 있는 일이 무엇일까요?"

질병으로 고통받고 있던 한 남자도 또 다른 방식으로 동일한 두려움을 표현하였다. 그는 이렇게 설명했다. "저는 제가 주님을 떠나 방황했음을 알고 있습니다. 저는 어린 시절에는 신실한 그리스도인이었습니다. 하지만 저는 여러 해 동안 하나님이나 기도에 대해서 생각하지 않았습니다. 만일 하나님께서 제 주의를 끌기 위해서 제게 이 병을 주셨다면, 분명히 그분은 그 목적을 이루셨습니다! 하지만 저는 다시 기도하고 있는데도, 여전히 낫지 않고 있어요. 제게 무슨 잘못이 있는 걸까요?"

또 다른 사람이 무뚝뚝한 어조로 이렇게 말했다. "제가 이런 병에 걸린 것을 볼 때, 제가 끔찍한 죄인이었음에 틀림 없어요."

어떤 사람의 병이 낫지 않을 때, 이와 유사한 괴로운 질문들이 친구들이나 사랑하는 사람들에 의해 제기된다. 오늘날의 많은 그리스도인들이 죄 때문에 질병이 일어난다는 생각을 지지하고 있다. 그들은 어떤 사람을 위해 드리는 기도가 그들이 원하는 타이밍과 방법으로 응답되지 않을 경우에 어떤 설명을 제공해야 한다고 느낀다. 그들은 그 사람이 치유를 체험하지 못하는 이유가 과거에 일어난 어떤 일에 대한 죄책감이나 현재의 불평하는 태도 때문이라고 주장하기도 한다. 이러한 비평가들과 경건한 분석가들은 언제나라는 강력한 단어를 그들의 치유 사전(healing lexicon)의 꼭대기에 둔다. 그들은 하나님께서 언제나 병든 자들을 치유하시므로, 치유가 일어나지 않는 경우, 병든 사람에게 책임이 있다고 생각한다. 그 결과 병으로 고통받는 그 사람은 다른 사람들의 판단의 결과로 자신에게 쌓여지는 자기 정죄의 짐을 더 지게 되는 것이다.

내가 일전에 대화를 나누었던 한 여자가 좋은 예이다. 그녀는 회복을 받으려고 노력하는 과정에서 계속 실망을 맛보게 되었다. 그녀는 내게 전화를 걸어 일단의 친구들이 자기를 방문했던 일에 대해 이야기했다. 오래 지속된 그녀의 질병에 관심을 갖고 있었던 그들은 자기들이 속한 교회의 영적 치유자에게 권면을 구했다. 그는 그녀의 사정을 자세히 들은 후에, 그 친구들에게 그녀를 만나 그녀의 삶 가운데 고백하지 않은 죄가 있을지도 모른다고 도전하라고 권유했다. 그들이 그렇게 했을 때, 고통받고 있었던 그녀는 충격을 받았다. 그들의 판단하는 태도가 그녀에게 영적인 문제가 있었다 하더라도 그것을 말할 수 없는 분위기를 만들었던 것이다.

위대한 의사께서 말씀하신다

"질병이 죄의 원인인가?"라는 질문에 대한 이같은 단순한 답변들은 더 심오한 답변을 찾지 못하게 만드는 경향을 나타내 왔다. 우리는 사소한 것들을 제쳐 두고 위대한 의사에게서 그 답변을 구해야 한다. 그 다음으로 우리는 그 분이 말씀하신 내용에 기초해서 오늘 우리의 삶을 위한 유익한 결론들을 끌어낼 것이다.

요한복음 9장에 나오는 나면서 맹인 된 사람은 제자들로 하여금 약간 다른 말로 동일한 질문을 제기하게 만들었다. 예수님의 답변은 죄와 질병 간의 관계에 대한 이해를 쌓을 수 있는 기초석이 된다.

예수님께서는 어느 날 성전에서 유대 지도자들과 열띤 논쟁을 마치신 후에, 잠시 멈추어서 나면서부터 맹인 된 사람을 살펴 보셨다. 나는 그분이 그를 위해 해 줄 수 있는 일이 무엇인지를 생각하시면서 사랑과 동정의 눈길로 그를 쳐다 보셨을 것이라고 생각한다. 제자들은 그 사람에 대한 예수님의 관심에 흥미를 느끼고 있었다. 분명한 사실은 그들이 그 사람을 알고 있었으며, 아마도 그 사람이 눈이 먼 원인에 대해서 대화를 나누었으리라는 것이다. 만일 그 사람이 태어날 때부터 맹인이었다면, 그것이 누구의 죄 때문이었을까? 그들은 이 사람에 대한 주님의 지혜를 기쁘게 받을 수 있었다. "랍비여 이 사람이 맹인으로 난 것이 누구의 죄로 인함이니이까 자기니이까 그의 부모니이까" (요 9:2).

그들이 질문한 방식은 그들이 우리가 이 장에서 제기하고 있는 질문에 어떻게 대답할 것인가에 대해서 의문의 여지를 별로 남기지 않는다. 분명히 그들은 질병의 원인이 죄라는 그 당시 유행했던 믿음을 갖고 있었다.

그러나 그것이 누구의 죄 때문인가? 그 사람의 죄인가? 만일 그렇다면, 그는 출생 전에 죄를 지었어야 한다. 그가 맹인으로 태어났기 때문이다. 아마도 그들은 그 당시에 유행한 또 다른 개념 때문에 그러한 가능성을 받아들였을 것이다. 많은 사람들은 그가 어머니의 자궁에 있을 때, 태어나지 않은 그에게 원죄가 들어갔다고 믿었다. 그러므로 많은 사람들은 어린아이가 죄의 상태 가운데 태어난다고 생각하였다. 또는 그 제자들이 어떤 형태의 환생을 믿고 있었을까? 이전에 살았던 어떤 사람의 영혼이 그가 태어나기 전에 그의 안으로 들어갔다고 생각하고 있었을까? 만일 그렇다면, 그들은 재생된 영혼의 죄가 눈이 멀게 된 원인이라고 생각했을 것이다. 이러한 신념들 중 어느 하나가 그 사람이 눈이 멀게 된 원인이라는 이상한 추측의 기초가 되었을 것이다.

그렇다면 그의 부모는 어떤가? 그들의 어떤 죄가 원인이었을까? 그들이 결혼 전에 지은 죄가 원인이었을까? 그들이 서로에게 불성실하고 하나님의 율법을 어겼을까, 아니면 어머니의 몸에 영향을 끼쳐 아이의 눈을 오염시켜 눈이 멀게 만든 일종의 병을 전염시켰을까? 그러한 추리의 배후에는 하나님께서 자식의 눈을 멀게 하심으로써 부모의 죄를 벌하신다는 생각이 자리 잡고 있었을 것이다.

예수님께서는 그 사람이 맹인이 된 원인이 그의 부모나 그 사람 자신의 죄였을 가능성을 배제하셨다. 그러나 그분의 답변은 세심한 연구를 요구한다. 새 흠정역 성경(New King James Bible)은 예수님의 말씀을 이렇게 기록하고 있다.

> 이 사람이나 그 부모의 죄로 인한 것이 아니라, 그에게서 하나님이 하시는 일을 나타내고자 하심이라. 때가 아직 낮이매 나를 보내신 이의 일을 우리가 하여야 하리라; 밤이 오리니 그 때는 아무도 일할 수 없느니라. 내가 세상에 있는 동안에는 세상의 빛이로라(요 9:3-5)

이 절들의 구두법이 매우 중요하다. 그 절들의 의미는 숨표와 쉼표가 어디에 찍히느냐에 따라 철저하게 좌우된다. 알다시피, 신약성경의 헬라어 원문에는 숨표나 쉼표가 없다. 그것은 후대의 번역자들이 첨가한 것이다. 우리는 성령의 영감으로 기록된 성경 원본에 부과하는 것과 꼭같은 권위를 숨표와 쉼표에 부과하지 않는다.

예수님께서 죄와 질병에 관해서, 그리고 세상의 빛이신 자신의 메시야적 소명에 관해서 말씀 하셨을 때, 그 자리에서 그 말씀을 들은 사람이 아무도 없기 때문에, 우리는 주님의 말씀의 의미와 구두법을 세심하게 고찰해야 한다. 나는 현대의 성경 번역자들을 존중한다. 그러나 나는 일부 역본들이 채택한 구두법이 이처럼 중대한 구절을 통해서 예수님께서 실제로 의도하신 내용에 대해서 잘못된 결론을 내리도록 인도하고 있다고 생각한다.

그 절들을 대부분의 역본들에 번역 되어 있는대로 살펴 보자. "이 사람이나 그 부모의 죄로 인한 것이 아니라, 그에게서 하나님이 하시는 일을 나타내고자 하심이라. 때가 아직 낮이매 나를 보내신 이의 일을 우리가 하여야 하리라; 밤이 오리니 그 때는 아무도 일할 수 없느니라. 내가 세상에 있는 동안에는 세상의 빛이로라."

그 구절을 그런 식으로 읽으면 이 맹인이 예수님께서 자신의 치유의 능력을 계시할 수 있도록, 역사상의 그 단계에 성취될 계획으로 세워져 있었다는 사실이 암암리에 드러나게 된다. 다시 말해서, 하나님께서는 그리스도께서 오셔서 그를 치유하시도록 정하신 시간이 올 때까지, 그를 맹인으로 만드시고 삼십여 년 동안 그런 상태에 내버려 두셨다는 것이다. 우리는 하나님을 그런 식으로 믿는가? 우리는 하나님께서 궁극적으로 만물을 통제하고 계시며, 그분이 허락하시지 않는 한 아무 일도 일어나지 않음을 알고 있다. 하지만 우리는 더 나아가서 하나님께서 예수님께서 행하시도록 보내신 일들을 그분이 행하실 수 있도록 그 사람을 맹인으로 만드셨다고 말할 수 있는가?

이제 바로 그 구절을 취해서 다르게 구두점을 찍어 보자. "이 사람이나 그 부모의 죄로 인한 것이 아니라. 그에게서 하나님의 하시는 일을 나타내고자 하심이라, 때가 아직 낮이매 나를 보내신 이의 일을 우리가 하여야 하리라; 밤이 오리니 그 때는 아무도 일할 수 없느니라 내가 세상에 있는 동안에는 세상의 빛이로라." 이 구두법은 예수님께서 의미하신 내용에 대한 나의 연구와 기도의 내용을 더 확실하게 세워 준다. 그분은 부모들이나 그 사람에게 원인을 돌리지 않으셨다. 중요한 문제는 그분이 그 사람을 위한 하나님의 사역을 행하사 그를 치유하시는 것이었다. 그분이 그렇게 하실 수 있었던 것은 그분의 임마누엘, 즉 우리와 함께 하시는 하나님으로서의 권세 때문이었다.

예수님께서는 여러 번에 걸쳐서 육체적, 심리적 질병이 사탄과 악령들의 역사임을 밝히셨다. 그분은 이 경우에, 자신을 통해서 치유하시는 하나님의 능력을 강조하시기를 선택하셨다. 예수님께서는 그 맹인을 치유하셨을 때, 땅바닥에 침을 뱉으사 진흙을 이겨 그의 눈에 바르셨을 뿐이다. 그 사람의 눈을 뜨게 한 것은 결국 주님의 손길이었다. 그는 주님의 명령에 따라 실로암 못에 가서 눈에 바른 진흙을 씻었다.

여러분과 나를 해방시켜 주는 좋은 소식은 주님께서 우리의 모든 필요를 치유하시기 위해 오늘 우리와 함께 계신다는 것이다. 그분은 여전히 세상의 빛으로 역사하고 계신다. 그분은 우리를 치유하심으로 영광을 받으시기 위해 우리를 병들게 만들지 않으신다. 그분이 그렇게 하실 수 없는 것은 우리를 너무나 사랑하시기 때문이다. 또한 그분은 우리의 죄에 대한 형벌로 질병을 주시지도 않으신다. 그분은 우리의 죄를 사하시고 우리가 질병과 고통으로부터 해방될 수 있도록 치유의 능력을 베푸시기 위해 우리와 함께 계신다.

두 가지 답변: 그렇다와 아니다

그런 사실에 비춰 볼 때, 우리는 이 장을 시작하면서 제기한 질문을 직시할 수 있다. '죄가 질병의 원인인가?' 이 질문에 답변하는 중에, 나는 "글쎄요, 그럴 수도 있고 아닐 수도 있죠"라고 대답함으로써 심오한 질문들에 답변하곤 하는 교수 친구를 기억하게 된다. 그는 그렇게 답변하고 나서 그렇기도 하고 아니기도 한 진리를 제시한다. 우리의 질문도 그런 종류의 답변을 요구한다.

그렇다. 일반적으로 죄가 질병의 원인이다. 우리는 타락한 세상에 살고 있다. 인류의 죄가 세상을 향한 하나님의 계획을 왜곡시켰다. 하나님께서는 원래 우리의 건강과 조화와 행복을 의도하셨지만, 우리의 거역으로 그 의도가 어지럽혀진 것이다. 그러므로 이 타락한 세상의 일부로 질병들과 병균들이 존재하게 된 것이다.

아담의 죄와 여러 세기에 걸친 하나님께 대한 인류의 거역과 적개심을 통해서, 우리는 고통과 무능에 굴복하게 되었다. 바울은 이 사실을 로마서 5:12, 14에서 분명하게 표현하고 있다.

> 그러므로 한 사람으로 말미암아 죄가 세상에 들어오고 죄로 말미암아 사망이 왔나니 이와 같이 모든 사람이 죄를 지었으므로 사망이 모든 사람에게 이르렀느니라 … 그러나 아담으로부터 모세까지 아담의 범죄와 같은 죄를 짓지 아니한 자들까지도 사망이 왕노릇 하였나니 아담은 오실 자의 모형이라

그것이 인간 역사에 대한 우울한 진단이다. 그러나 하나님께서는 우리를 그런 상태에 내버려 두지 않으셨다. 하나님께서는 새 아담, 즉 새 창조의 시작이 되시는 그리스도를 보내신 것이다.

> 한 사람의 범죄로 말미암아 사망이 그 한 사람을 통하여 왕노릇 하였은즉 더욱 은혜와 의의 선물을 넘치게 받는 자들은 한 분 예수 그리스도를 통하여 생명 안에서 왕노릇 하리로다 그런즉 한 범죄로 많은 사람이 정죄에 이른 것 같이 한 의로운 행위로 말미암아 많은 사람이 의롭다 하심을 받아 생명에 이르렀느니라 한 사람이 순종하지 아니함으로 많은 사람이 죄인 된 것

같이 한 사람이 순종하심으로 많은 사람이 의인이 되리라(롬 5:17-19)

그렇다. 죄가 특별한 일부 질병들의 원인이다. 하나님으로부터의 분리, 표적을 빗나감, 그리고 의도적으로 우리 자신의 삶을 살기를 추구하는 것이라는 기본적인 죄의 개념을 기억하라. 죄는 단순한 우리의 악한 행위뿐 아니라 하나님과 교제하지 않고, 그분의 영의 인도 하에 있지 않은 우리의 존재를 포함한다. 그러한 분리는 우리를 왜곡된 생각과 혼란스러운 감정, 그리고 불규칙한 육체의 긴장의 공격에 쉽게 노출되게 만든다.

질병들을 더 연구하면 할수록, 우리는 질병이 우리의 생각과 반응들에 얼마나 밀접하게 연관될 수 있는지를 더 크게 깨닫게 된다. 법과 옳고 그름에 대한 도덕적인 기준들, 그리고 다양한 수준의 윤리적 행동 지침의 지배를 받는 우리 사회 내에서는 많은 사람이 실패하기 마련이다. 그러나 주님과의 교제가 없다면, 그들에게는 그 죄책을 해결받을 수 있는 길이 없을 것이다.

또 다른 사람들은 기독교의 도덕적 원칙들을 이어 받기는 했지만 실수하거나 실패할 때 그 원칙들을 성취할 수 있게 해 주는 주님의 능력 또는 은혜는 이어 받지 못했다. 해결 되지 않은 죄책감이 육체적인 질병의 원인이 되는 경우가 종종 있다. 치유되지 않은 기억들, 분노하고 분개하는 태도들, 그리고 끊임없이 우리 몸을 혹사하는 것도 질병을 초래한다. 주님을 원하지 않든가, 그분의 풍성한 은혜 가운데 살기를 거부하는 죄의 결과들은 너무 많아서 열거하기가 어려울 정도이다.

그렇다. 우리 주위의 사람들의 악한 태도들이 종종 질병의 원인이 된다. 우리가 병든 사람들과 관계를 갖는 방식은 그들의 회복에 큰 영향을 끼친다. 나는 한 젊은이를 위해 기도했던 일을 잘 기억하고 있다. 그의 부모는 아들이 나으리라는 희망을 포기하였다. 나는 그들과 함께 기도를 드릴 때마다 그들의 절망감을 느꼈다. 그러나 그 이상의 문제가 있었다. 그 부부는 행복한 결혼 생활을 누리지 못하고 있었다. 그들의 결혼은 처음부터 문제가 있었다.

그들은 몇 해 전에 갈라서기로 결정했다. 그러고 나서 그들은 마지막으로 한 번 더 함께 살도록 노력해 보자는 데 동의했다. 그 짧은 화해 기간 동안 아들이 임신되었다. 그가 태어났을 때, 그 부부는 그를 키우기 위해서 함께 살기로 결정했다.

17년이 지난 지금 그들의 관계는 이전의 어느 때보다 더 악화되어 있었다. 그들은 서로에게 매우 화가 나 있었다. 그리고 잠재의식 속에는 아들에게도 화가 나 있었다. 그들이 서로 참고 산 것은 오직 그 아들 때문이었다. 그 시절 동안, 그 소년은 지속적인 사랑과 격려를 받지 못하였다. 그 부모들은 엄격한 징계와 자유방임적인 태도 사이를 오락가락하고 있었다. 그는 종종 서로를 향한 그들의 적대감의 표적이 되었다. 그 결과 그는 다른 방법으로 부모님의 사랑과 관심을 끌었다. 지난 한 두 해 동안, 그는 끊임없이 학교와 마을 내에서 말썽을 부렸다. 그는 자기 차를 몰고 나갔다가 심하게 상처를 입었다. 의사들이 그의 목숨을 구하기 위해 최선을 다했다. 그러나 그는 반응을 나타내지 않고 있었다. 그와 부모의 심중에 문제가 있었던 것이다.

그 젊은이는 살려는 의지를 상실하였다. 그 당시 의사들은 그에게 있는 힘을 다해 목숨을 위해 싸워 줄 것을 요청하고 있었다. 하지만 그는 반응을 보이지 않았다. 그의 부모가 그를 방문했을 때, 그의 상태는 더 악화되었다. 나는 그의 치유를 위해 기도하는 동안 그들에게 잠시 나가 있어 달라고 요청해야만 했다. 혼란스러운 가족 관계에 의해 초래된 분위기가 치유에 장애물이 되고 있었던 것이다.

그 젊은이가 말을 할 수 있을 정도로 기력을 되찾았을 때, 나는 부모에 대한 그의 감정에 관해서 대화를 나눠야 했다. 그는 자신이 부모의 결혼 상의 문제들의 원인이나 치유책이 될 수 있다는 잘못된 생각에서 해방되어야만 했다. 그 다음으로 그는 회복될 이유를 찾을 필요가 있었다. 그것은 그의 미래에 대한 새로운 자부심과 특별한 소망과 꿈을 요구하였다. 마침내 그는 대학에 진학해서 공학을 공부하고 싶다는, 억압된 갈망에 대해서 이야기하였다. 그리고 마침내 우리는 주님에 대한 그의 관계에 대해서 대화를 나눌 수 있었다.

주일학교에 출석하고 청년 그룹에 참여하게 된 그 젊은이는 그리스도를 믿게 되었다. 그러나 그는 자신을 향한 그분의 사랑을 받아 들이거나 그분께 헌신한 적이 한 번도 없었다. 그를 낫게 하시고, 그의 미래를 인도하시기 위해 도우시는 주님의 능력에 관해서 몇 차례 대화를 나눈 후에, 그 젊은이는 자신의 삶을 주님께 드렸다. 그 시점부터 그의 살려는 의지가 강화되었다. 그것이 주님의 치유하시는 능력과 짝을 이루게 됨에 따라서, 그는 회복되기 시작했다.

나는 그가 고등학교를 졸업하고, 현재 대학 생활을 잘 꾸려나가고 있음을 인해 감사드린다. 가장 중요한 사실은 주님께서 그의 부모의 양면성의 파도로부터 그를 해방시켜 주셨다는 것이다. 그는 독립하여 살고 있다. 더 정확히 말하자면 그는 그리스도 안에 살고 있으며, 대학생활을 꾸려 나가고 미래를 바라며 나아감에 있어서 그분의 힘과 용기를 의지하고 있다.

나는 이러한 치유가 그 부모를 그리스도에게 전혀 새로운 삶으로 인도했다고 말하고 싶다. 하지만 그런 일은 일어나지 않았다. 그 젊은이가 자기 신앙을 부모와 함께 나누려고 시도했을 때, 그들은 심한 거부 반응을 보였다. 나는 그 이유가 그들이 그리스도의 사랑을 받아들일 경우, 서로를 사랑할 필요가 있음을 직시해야 함을 알고 있기 때문이라고 생각한다. 그 동안 그들은 해결되지 않은 긴장의 와중에서 헤매고 있다. 그들은 온전하게 되기를 거부하고 있다. 그들의 결혼 생활 내부의 질병은 사실상 거부하는 죄 때문에 초래되고 있는 것이다.

가로대의 이면(裏面)

이제, "죄가 질병의 원인인가"라는 질문에 답하기 위해 그 가로대의 "아니다"라는 측면을 살펴 보도록 하자.

아니다. 주님께서는 우리의 죄의 보응으로, 질병으로 우리를 벌하지 않으신다. 그분은 우리를 너무나 사랑하시기 때문에 그렇게 하실 수 없다. 그분은 우리의 필요들을 위해 자신의 치유의 능력을 방출하기를 원하신다. 그분은 우리를 사랑하신다. 일단 우리가 그 엄청난 사실을 받아들이면, 우리는 그분을 우리의 원수나 적대적인 분노의 재판관이 아니라 우리의 친구로 받아들일 수 있다.

내가 이 장의 서두에서 말한 이야기들에 나오는 사람들은 육체적인 문제와 비진리로 고통 받고 있었다. 질병이 임하면 그들은 즉각적으로 자기들에게 책임이 있다고 생각한다. 그것은 주님의 치유의 능력을 받아들이는 데 더 큰 장애물이 된다. 우리 자신이나 다른 사람들에게 책임을 돌리는 것은 우리의 길에 놓이는 또 다른 장애물일 뿐이다. 결국 우리는 질병을 우리에게 주신다고 생각되는 하나님께 책임을 돌리는 데까지 이르게 된다.

가장 중요한 것은 주님과 개방적이고, 잘 받아들이는 관계를 갖는 것이다. 만일 우리가 우리의 생활 방식 중의 어떤 것, 치유되지 않은 기억, 태도, 또는 관계들이 우리를 병이 들게 하거나 낫지 못하게 만든다고 생각한다면, 그것을 고백하고 주님의 도움을 받는 통로들을 열도록 하자. 자기를 정죄하는 것은 사실상 하나님과 게임을 벌이는 것이다. 죄를 고백하는 것은 우리에게 은혜와 깊은 내적 평안을 받을 수 있도록 길을 열어 준다.

주님의 사랑을 병이 든 사람들에게 전달하려고 노력하는 과정에서 우리가 할 일은 정죄하거나 판단하는 것이 아니다. 깊은 관심과 돌봄만이 사람들에게 그들의 영혼을 괴롭히고 있는 어떤 것을 솔직하게 말할 수 있는 분위기를 제공한다. 나는 다음과 같이 말하는 것이 유익하다는 사실을 발견하게 되었다. "저는 당신을 위해 기도하고 있습니다. 주님께서는 당신을 매우 사랑하십니다. 그분은 이 세상의 치유의 능력이십니다. 그분은 여기에 당신과 함께 계시며, 당신 안에서 역사하고 계십니다. 그분을 전적으로 신뢰하십시오. 당신의 마음속에 근심이나 염려되는 일이 있습니까? 그것들을 주님께 맡기셔서, 안식을 누리고 주님의 은혜를 받으실 수 있게 하십시오. 제가 당신과 함께 기도하기 전에, 하시고 싶은 말이 있으십니까?"

내가 죄라는 단어를 사용하지 않은 사실에 주목하라. 대부분의 환자들에게, 죄는 그들로 하여금 방어벽을 쌓게 만드는, 죄책감을 산출하는 단어이다. 고통받는 사람을 돕는 최선의 방책은 들어 주는 것이다. 깊은 공감은 함께 나눌 필요가 있는 문제를 표면에 부각시켜 줄 것이다. 우리가 더 민감하고 세심할수록, 우리의 대상은 내면의 감정들을 더 잘 드러낼 수 있게 될 것이다.

와서 나와 함께 울라

나는 나의 아내 메리 제인(Mary Jane)이 암을 치유 받는 과정에 일어난 결정적인 전기(轉機) 중 하나를 기억한다. 그녀는 담대하게 병마와 싸웠다. 그녀는 투병 기간 내내 기도했다. 우리는 함께 기도했다. 그러나 그 과정은 종종 우리에게 좌절을 안겨 주었다. 호된 시련을 겪는 동안 메리 제인은 눈물로 자기 감정을 표출하려 하지 않았다. 그녀가 사랑하는 사람이나 친구 중에 그녀가 겪은 체험을 겪어 본 사람이 있었다면, 그녀는 쉽사리 눈물을 흘리며 사랑과 공감을 표현했을 것이다. 그러나 그녀는 이미 일어나고 있었던 일에 대해서 눈물을 흘리는 것을 스스로에게 허락하지 않았다.

어느 날, 우리의 친한 친구이자 그리스도 안의 동역자인 암전문가, 텍사스 휴스턴의 존 스탈린 박사(Dr. John Stehlin of Houston, Texas)가 그녀를 보기 위해 로스앤젤레스를 특별히 찾아 왔다. 그는 모든 차트와 진단서를 검토하고 난 후에, 자신의 방대한 지식과 기술을 근거로 의학적인 통찰을 제공하였다. 그러나 그가 한 주된 일은 메리 제인에게 울도록 권유한 것이었다. 그는 억압되어 있는 그녀의 감정들과, 그 감정들을 발산할 필요가 있음을 감지했던 것이다.

이년 후에 휴식을 취하기 위해 존이 로스앤젤레스에 돌아왔다. 그는 쉬지 않고 몇 달 동안 수술을 집도하고 병들어 죽어가는 사람들을 돌보는 데 지쳐 있었다. 그는 주님께서 그가 "인간의 고통의 최전선 참호"라고 부르는 직업의 현장에 그와 함께 계시며, 그에게 관심을 갖고 계신다는 확신을 필요로 하고 있었다.

긴 방문이 끝난 후에, 나는 그가 메리 제인에게 선사했던 선물을 그에게 돌려 주고 싶다는 느낌이 들었다. "존, 자네가 울고 싶어한다는 생각이 드는군, 그렇지 않은가?" 그는 내 말을 듣고 마음껏 울었다. 그러고 나서 그는 주님의 치유 사역에 동참하기 위해서 휴스톤으로 돌아 갔다.

나는 워싱턴(Washington, D. C.)에서 열린 한 회의에서 그 이야기를 했다. 유명한 저술가이자 연사인 조이스 랜돌프(Joyce Landorf)가 그곳에 있었다. 그 당시 그녀는 턱이 아파서 고통을 겪고 있었다. 메리 제인과 존이 눈물을 흘린 이야기는 그녀를 크게 감동시켰다. 그 날 밤, 그녀는 다음과 같은 시를 썼다.

> 와서 나와 함께 울라
>
> 당신은 나를 찾아 와 인사를 건넸어요.
> 당신은, "오늘, 안녕하세요?"라고 말했지요.
> 저는 항상 그렇듯이

"예, 잘 지냅니다"라고 거의 대답할뻔 했죠.
그런데 당신의 눈과 얼굴 속의 무언가가
"그건 인사가 아녜요! 저는 정말로 관심을 갖고 있답니다."
라고 말했어요.
그건 내 마음을 열고, 내 마음을 이야기하고,
정말로 함께 나눌 수 있도록 내게 자유를 주었어요.
"내가 건강해 보일 지도 모르겠어요.
하지만 속을 들여다 보면
내 영혼은 상처를 입고, 상해 있어요.
나는 고통스러운 외로움과 씨름하고 있어요.
그래서 나는 그 이유를 묻고 있답니다.
하지만 나는 대개 상처를 입고 있고,
누군가가 안아 주기를 갈망하고 있어요.
그리고 정말 울고 싶어요."
당신은 잠시 동안 나를 보고서,
팔을 벌리며 말하셨어요.
"와서 나와 함께 울어요.
눈물이 강같이 흘러 바다로 흘러가게 하세요.
와서 나와 함께 울어요.
이제 당신을 붙들게 해주세요.
상처 입은 영혼들이 모여 있는 곳마다,
주님께서 계시고, 거기에 당신과 내가 있어요.
와서 나와 함께 울어요."

사탄: 진정한 원수

다음으로 내가 "죄가 질병의 원인인가?"라는 질문에 대한 답변을 탐구함에 있어서, "아니다"의 측면의 한 부분으로 말하고 싶은 것은 원인인가라는 단어를 주의 깊게 살펴 보라는 것이다. 그 단어는 주된 근원을 함축하고 있다. 질병의 원인은 사탄과 그가 세상 안에서 끼치고 있는 파괴적이고, 생명을 약화시키는 영향력이다. 그는 우리의 죄가 질병의 주된 근원이라고 생각하게 만들기를 기뻐할 것이다. 이것은 그에게 맞춰질 초점을 우리에게 맞춰지게 만든다. 그는 우리의 사고에 영향을 끼치기 위해서 우리의 문제들을 사용한다. 그는 우리가 우리 자신과 다른 사람들과, 가능하다면 하나님께 책임을 돌리기를 원한다. 무엇보다도 우리가 주님을 완전히 신뢰하지 못하도록 방해하려고 애쓴다. 또한 우리와 주님 사이에 쐐기를 박으려고 애쓴다. 주님의 관점에서 보면, 우리를 향한 그분의 사랑을 막을 것이 아무 것도 없기 때문에, 사탄이 소유하고 있는 유일한 자원은 우리로 하여금 주님께서 우리를 잊으시거나 우리에게 관심이 없다고 생각하게 만드는 것이다. 사탄은 낙심을 초래하는, 의심하는 질문들의 근원인 것이다.

　이러한 시대에 사는 우리는 우리의 진정한 적을 파악하고, 그를 대적하기 위해서 우리에게 맡겨진 능력을 재발견할 필요가 있다. 우리에게는 사탄의 영향력에 대항해서 싸울 수 있도록 예수 그리스도의 강력한 이름과 기도를 포함한 전신갑주가 주어져 있다. 그리스도께서는 세상의 어떤 악한 세력보다 더 강하시다. 주님께서는 성육신하신 동안 사탄과 악령과 귀신들을 대적하셨다. 그분의 명령에 그들은 무력해졌다. 그분은 사탄의 권세를 멸하시기 위해 십자가의 길을 가셨다. 십자가는 세상에 대한 악의 권세를 무너뜨리는 것이었다. 살아 계신 그분은 이제 자신의 임재를 통해서 동일한 승리의 권세를 우리에게 맡기신다.

악의 영향력을 정복한 두 가지는 십자가와 예수 그리스도의 이름이다. 우리가 십자가와 예수 그리스도의 이름으로 드리는 기도를 통해서 우리의 신분과 안전을 구할 때, 우리는 악한 권세의 손길로부터 우리의 영혼을 보호하고 자유케 하시는 주님의 영으로 둘러싸이게 된다.

사탄의 계략은 우리로 하여금 자신을 의심하고 정죄하는 방어적인 입장에 처하게 만드는 것이다. 그리스도께서는 우리에게 공격적이 되도록 명하신다. 그것이 그분이 베드로와 제자들에게 음부의 문이 자신이 그들에게 주시는 권세를 이기지 못하리라고 말씀하신 의미였다.

그리스도 예수를 믿도록 베드로에게 성령의 은사를 주신 후에 주님께서는 이렇게 말씀하셨다. "바요나 시몬아 네가 복이 있도다 이를 네게 알게 한 이는 혈육이 아니요 하늘에 계신 내 아버지시니라 또 내가 네게 이르노니 너는 베드로라 내가 이 반석 위에 내 교회를 세우리니 음부의 권세가 이기지 못하리라" (마 16:17-18). 이 약속을 주의 깊게 살펴 보라. 그것은 제자들과 초대 교회뿐 아니라 우리에게도 해당되는 약속인 것이다.

파괴할 수 없는 믿음의 반석

하나님의 영은 베드로에게 예수님께 다음과 같이 말할 수 있는 믿음의 선물을 주셨다. "주는 그리스도시요 살아 계신 하나님의 아들이시니이다" (마 16:16). 그 선물에 대한 예수님의 말씀은 그 선물이 어떻게 사용될 것인가와 짝을 이루고 있었다. 그분은 그처럼 강하고, 파괴할 수 없는 믿음의 반석 위에 자신의 교회를 세우실 것이었다. 교회가 세워지게 될 기초는 베드로가 아니라 그의 믿음이었다. 그리고 그와 꼭 같은 믿음이 후에 다른 사람들에게도 주어지게 될 것이었다. 그리스도를 따르는 자들은 그 믿음을 가지고 음부의 권세를 무너뜨리게 될 것이었다.

우리는 문과 음부라는 단어들을 주의 깊게 살필 필요가 있다. 문이라는 단어는 "정부"를 의미했다. 그 개념은 성의 장로들이 그 성의 문제들을 처리하고 재판을 하기 위해 성문에서 모였던 관습에서 온 것이었다. 음부라는 말은 육신을 떠난 영혼들이 거하는 곳을 의미하는 동시에 죽음, 그리고 악을 발산하는 근원과 동의어가 되었다. 예수님께서 음부의 문이라고 말씀하셨을 때 의미하신 것은 조직적이고 파괴적인 악의 권세들이다. 통합된 악의 권세가 교회의 믿음을 이길 수 없으리라는 사실을 주목하라. 음부의 문은 그리스도의 이름이라는 무기로 무장한, 그리스도로 충만한 사람들을 이길 수 없을 것이다. 우리는 방어적이 되어서는 안 된다. 악을 공격함에 있어서는 공격적이 되어야 하는 것이다.

이 싸움에서 우리는 그리스도께서 십자가에 달려 돌아가신 후에 음부의 감옥에 있는 영혼들에게 전파하러 가셨다는 사실을 통해 격려를 받게 된다. 사도신경은 "주께서 음부에 내려가사"라고 그 사실을 표현하고 있다. 거기서 그분은 악의 정부(문)의 권세를 무너뜨리셨다. 그러므로 우리가 그분의 이름으로 기도하고 십자가를 통해서 그분께 속하게 된 우리의 신분을 주장할 때, 사탄과 그의 악한 영향력은 사라지고 마는 것이다.

그러므로 부정적이고, 의기소침하고, 악한 생각들이 우리 마음에 침투하고 문제나 질병이 우리를 괴롭힐 때, 우리는 이렇게 말할 수 있다. "사탄아, 너는 내게 아무 권세도 갖고 있지 않다. 너는 나의 주 그리스도께 패배했다. 이제 그분의 이름으로 명하노니 물러가라!" 악이 함께 존재할 수 없는 것 중 하나는 그리스도의 임재와 권세인 것이다.

그리스도께 초점을 맞추라―그리스도의 승리를 주장하라

우리의 큰 관심사는 악이 아니라 그리스도께 초점을 맞추는 것이다. 그리스도께서 자신으로 우리를 더 채우시도록 허락할 때, 우리는 인생의 시련들을 직면함에 있어서 더 강해진다. 우리는 무력한 희생제물이 아닌 것이다.

우리는 어려운 때 서로를 돌보는 사역에 있어서도 무력하지 않다. 예수님께서는 악의 권세에 대한 믿음의 권세를 선포하신 후에 이렇게 말씀하셨다. "내가 천국 열쇠를 네게 주리니 네가 땅에서 무엇이든지 매면 하늘에서도 매일 것이요 네가 땅에서 무엇이든지 풀면 하늘에서도 풀리리라"(마 16:19). 그 경외로운 도전은 우리가 사탄을 맬 수 있으며, 사람들을 두려움과 의심과 불신과 제한의 끈에서 풀어 줄 수 있다는 사실을 말해 주고 있다.

그러나 사정은 너무나 자주 정반대가 된다. 우리는 우리의 부정적인 판단과 태도와 행동으로 사람들을 맨다. 우리는 그렇게 하는 가운데 그들에게 영향을 끼치도록 사탄을 풀어 놓는다. 동일한 사실이 가정들과 계획들, 그리고 우리의 소속된 그룹들에게도 해당된다. 우리의 말과 행동은 기도를 약화시키고 성장을 좌절시킬 수 있다. 그 대신 우리는 사람들과 그룹들을 푸는 사역을 감당해야 한다. 우리는 그리스도의 이름으로 사탄을 묶음으로 그렇게 해야 한다. 예수님께서 지상 사역 중에 사람들을 자유케 하시는 과정에 행사하신 바로 그 권세가 우리에게 주어져 있다. 그러므로 그리스도의 승리를 주장하자!

사람들을 푸는 사역에는 듣는 것, 사랑하는 것, 그리고 그리스도의 강한 이름으로 기도함으로써 자유케 하는 것이 포함된다. 우리는 병자들을 위해 개인적으로 기도하는 중에 담대히 이렇게 말해야 한다. "그리스도시여, 주님은 전능하십니다. 주님은 악이나 질병, 또는 의심과 낙심을 가져다 주는 악한 영들보다 강하십니다. 주님의 이름으로 사탄을 묶으시고 이 사람을 풀어 주시기를 간구합니다." 이런 기도는 우리가 그 병자에게 그리스도의 전능하심에 대해서 이야기 한 후에 그 사람이 함께 자리한 가운데 드려질 수도 있다.

내가 "죄가 질병의 원인인가?"라는 질문에 답변하는 가운데 논한 긍정적, 부정적 설명들은 담대한 기도로 사람들을 푸는 사역으로 우리를 인도하지 않는 한, 우리에게 도움을 줄 수 없다. 그 질문이 여러분 자신이나 다른 사람들을 신학적, 심리학적 논쟁에 빠져들게 하도록 허락하지 말라. 질병에 걸린 사람들에게는 그리스도가 절실히 필요하다. 사실상 우리의 힘은 이러한 필요들을 해결해 주실 수 있는 위대한 그리스도를 모시고 있다는 데 있다. 그 질문이 우리를 혼란에 빠뜨릴 때, 우리는 그분께 나아갈 필요가 있다. 그리고 그 사람이 맹인 된 원인에 관한 제자들의 질문에 대한 주님의 답변에 기초해서 그분이 우리에게 하시는 말씀에 귀를 기울여라. "중요한 것은 죄가 질병의 원인인가의 여부가 아니라, 너희의 용서와 치유와 평안과 능력인 내가

주여, 제 손을 잡으소서!

제 9 장

제9장

주여, 제 손을 잡으소서!

　최근에 콜로라도에서 스키를 타는 동안, 나는 스키를 배우기에 열심인 한 사람과 스키 리프트를 함께 타게 되었다. 우리는 서로 인사를 나누자마자, 넘어지는 두려움을 극복하고 스키를 배우기 위해 들인 노력을 늘어 놓는 활기찬 대화에 빠져 들었다. 나는 스키가 종종 트럭 바퀴처럼 느껴진다는 사실을 고백했다. 리듬 있고 편안하게 스키를 잘 타려고 노력할 때마다, 드러나는 것은 연습 부족과 그 스포츠를 즐길 시간이 제한되어 있다는 사실뿐이었다.
　새로 사귄 내 친구는 오른 발을 잘 사용해서 스키를 타는 데 겪은 어려움을 내게 이야기해 줌으로 대답했다. 그는 이렇게 말했다. "우리가 일년에 한두 번 이곳에 나와 스키를 타면서 스키 선수들처럼 스키를 타리라고 생각한다면, 그건 정말 어리석은 일이지요. 나는 우리가 핸디캡이 있는 두 늙은이라는 생각이 드는군요."

바로 그 때 스키 리프트는 산 정상에 가까워지고 있었다. 우리는 훌륭한 스키 선수 한 사람이 완벽한 기술과 리듬으로 스키를 타고 산을 미끄러져 내려오는 모습을 보았다. 그런데 그 모습을 더 자세히 바라 보던 우리를 더 깜짝 놀라게 만든 것은 그에게 다리가 하나 밖에 없다는 사실이었다. 그는 잃어버린 다리를 보충하기 위해, 작은 스키가 부착된 폴(pole)을 들고 있었다. 그는 작은 스키를 단 폴을 들고, 정상적인 다리에 보통 크기의 스키를 신은 채로 대부분의 스키 챔피언들보다 더 훌륭하게 스키를 타고 있었다. 함께 리프트를 타고 있던 그 친구와 나는 그 사람이 스키를 타고 내려오는 속도와 능숙한 솜씨에 크게 놀라고 말았다.

이 때쯤 산 정상에 다다른 우리는 리프트에서 일어나 산을 내려가기 위해 경사로에 들어서야 했다. 내 새 친구는 의자를 떠나면서 내게 미소와 함께 윙크를 하며 이렇게 말했다. "당신의 핸디캡을 가지고 잘해 보시오." 우리가 스키 초보자로서 핸디캡이라고 불렀던 것은 다리가 하나 밖에 없는 그 스키어가 극복한 핸디캡에 비교하면 아무 것도 아니었다.

핸디캡: 많은 뜻을 가진 단어

핸디캡이라는 단어는 "모자 안의 손"(hand in cap)이라고 부른, 오래된 복권 뽑기 관습에서 온 것이다. 사람들은 모자에서 복권을 뽑았으며, 당첨자는 벌을 받았다. 그 관습으로부터 기술이 앞선 운동 선수에게 중량이나 부과물을 더하는 핸디캡이라는 개념이 생긴 것이다. 그것은 실력의 차이에 균형을 맞추기 위해 사용되었다.

달리기 경주에서, 핸디캡은 가장 뛰어난 주자(走者)를 뒤로 물러나게 해서 출발 신호가 떨어진 후에 달리게 하는 것이었다. 오늘날 연승을 거두는 경주마는 다른 경주마들에게도 승산이 주어지도록 실제로 부담 중량을 안고 경주에 임하게 된다.

나는 최근에 골프를 치는 동안 이 단어가 운동 경기상 갖는 의미를 지적받게 되었다. 첫 번째 티(tee)에서 나와 함께 경기하던 친구가 이렇게 물었다. "로이드, 자네 핸디캡이 얼마지?" 나는 웃으면서 이렇게 말했다. "글쎄, 머리를 움직이고, 자세가 부정확하고, 스윙도 엉망이지." 그러자 내 친구가 이렇게 말했다. "자네에게 변명을 요구한 것이 아닐세―핸디캡이 얼마냐니까?" 골프에서는 핸디캡이 이전의 스코어를 기초해서 결정된다. 점수가 높은 골퍼는 높은 핸디캡을 갖는다. 반면에 기술과 솜씨가 더 좋은 골퍼는 대개 낮은 핸디캡을 갖는다. 핸디캡이 높은 골퍼에게는 게임 시의 성적 기록상 유리한 입장이 부여된다.

세월을 거치는 동안, 핸디캡이라는 단어는 매우 다른 뜻을 갖게 되었다. 그것은 우리로 하여금 온전한 잠재력을 발휘하지 못하게 만드는 육신적, 감정적, 또는 지적 무능력을 의미하게 된 것이다.

우리 모두에게는 일종의 핸디캡이 있다. 우리가 받은 훈련이나 우리의 배경에 속한 어떤 것이 우리의 삶의 성과(成果)를 제한하고 있는 것이다. 그 다음으로 자신의 잘못이 아님에도 불구하고 육체적인 장애를 안고 있는 사람들이 있다. 나는 육신적인 핸디캡을 안고 있는 많은 사람들이 효과적으로 삶을 다루는 모습을 볼 때, 겉으로 보기에는 아무 핸디캡이 없지만 자신의 잠재력을 제대로 사용하지 못하기 때문에 더 운이 없는 사람들이 있을지도 모른다는 생각을 하게 된다. 헬렌 켈러(Helen Keller)는 언젠가 이렇게 말했다. "눈이 먼 것보다 더 나쁜 것이 뭘까요? 두 눈을 가지고도 주위의 경이로운 것들을 보지 못하는 겁니다. 저는 제 핸디캡에 대해 하나님께 감사드립니다. 그 핸디캡을 통해서 나 자신과 나의 일과 나의 하나님을 발견했기 때문입니다."

존 밀톤(John Milton)도 맹인이었다는 사실을 기억하는 것은 우리에게 도전이 된다. 루드비히 반 베토벤(Ludwig van Beethoven)은 귀머거리였다. 바이런 경(Lord Byron)과 월터 스코트 경(Sir Walter Scott)은 절름발이였다. 그러나 바이런이 스코트에게 한 말을 주목하라. "아, 스코트, 당신의 행복을 얻기 위해서라면 나의 모든 명성을 당신에게 주겠소." 나는 또한 유명한 형제들인 윌리암(William)과 헨리(Henry)의 여동생, 엘리스 제임스(Alice James)에 관한 사연(事緣)을 좋아한다. 그녀는 육신적인 문제를 안고 있었음에도 불구하고 밝은 사람이었다. 그녀의 전기에는 이런 내용이 기록되어 있다. "그녀는 그녀의 병약함의 한계를 결코 받아들이지 않았다."

이 용감한 사람들은 우리로 하여금 우리 모두가 갖고 있는 핸디캡에 관해서 생각하게 만든다. 우리 중 일부는 부정적인 자아상 때문에 핸디캡을 안고 있다. 나는 며칠 전에 자신의 중학교 교장 선생님으로부터 운동 신경이 없어서 절대로 스포츠를 즐길 수 없을 것이라는 말을 들었던 사람과 대화를 나눴다. 그는 긴 세월 동안 그러한 잘못된 이미지를 가지고 살았던 것이다.

다른 사람들의 경우에는 가족과 문화적 제한이 핸디캡이 되어 왔다. 그 핸디캡이 그들이 하고 싶은 것을 제한하고 있는 것이다. 또 다른 사람들은 거절 당한 고통스러운 경험 때문에 깊이 사랑하는 방법 상 핸디캡을 안고 있다. 또 다른 사람들은 이전의 실패 때문에 핸디캡을 안고 있다. 그 실패가 또 다른 실패에 대한 두려움으로 그들을 가두는 것이다. 또 어떤 사람들은 교육이 부족하거나 운이 없기 때문에 핸디캡을 안고 있다고 생각한다.

우리 중 너무나 많은 사람들이 그릇된 종교나 우리를 실망시키는 종교적인 사람들에 대한 두려움 때문에 영적인 핸디캡을 안고 있다. 우리는 헌신과 비전 없이 마음속으로 주님께서 오늘 우리의 삶에 행하실 수 있거나 기꺼이 행하실 일을 판단해 왔을 수도 있다. 가능한 일에 대한 우리의 제한된 견해는 우리의 기도를 마비시키고, 우리 스스로의 힘으로 할 수 있는 수평적인 수준에서 살게 만든다.

때로는 우리 주위의 사람들이 우리를 제한하는 핸디캡으로 인식될 수 있다. 그들은 우리를 방해하고, 우리의 독특성을 부인하며, 인격체로 성장하기를 바라는 노력을 제지하는 사람들일 수 있다. 또는 우리의 믿음과 우리의 삶에 선을 이루시는 하나님께 대한 소망을 공유하지 않는 사람들일 수도 있다. 그들은 우리가 돌봐야 하는 병들고 나이 든 사람들일 수도 있다. 그리고 우리에게 핸디캡을 가하는 까다로운 사람들일 수도 있다.

어느 날 한 회의에서 나는 우리의 핸디캡을 극복하는 문제에 대해 강연을 하고, 각 사람에게 자신의 특별한 핸디캡이 무엇인지를 밝히도록 요청했다. 모임이 끝난 후에 남편을 데리고 나를 만나러 온 한 여자의 무감각함은 거의 믿을 수 없는 것이었다.

그녀는 경솔하게도 "제 핸디캡을 만나보세요"라고 말했다. 나는 그를 향한 그녀의 태도가 주님께서 그녀를 해방시켜 주기를 원하시는 더 큰 핸디캡이라고 생각했다.

위대한 의사께서는 핸디캡을 안고 있는 우리에게 도움을 베푸시기를 원하신다. 그분은 그 무능력을 치유하심으로 육체적, 정신적 핸디캡을 안고 있는 사람들을 도와 주신다. 그분은 언제나 그밖의 기능들을 온전히 강화시키실 준비를 갖추고 계신다. 때로 그분은 우리의 상상을 초월해 역사하신다. 그분은 끊임없이 우리를 새로운 성장으로 인도하심으로써 감정적, 영적 핸디캡을 안고 있는 사람들을 도와 주신다. 그분은 우리를 억압하는 제한들을 없애시고 우리가 성장할 수 있도록 역사하시는 것이다.

세 그룹의 핸디캡 있는 사람들

그 사실은 어느 안식일에 회당에서 일어난 일을 통해서 강력하게 예증된다(막 3:1-5, 마 12:9-13, 눅 6:6-10). 예수님께서는 회당에 들어가셨을 때, 세 그룹의 핸디캡 있는 사람들을 발견하셨다.

첫 번째 그룹에는 예수님의 말씀을 기쁘게 듣기는 했지만, 두려움과 주저함이 핸디캡이 되어 충성스러운 제자가 되지 않은 많은 선한 사람들이 있었다. 그들은 그분의 전능하신 역사에 놀랐지만, 두려움과 불확실한 태도 때문에 자유의 기적을 체험하지 못했다. 그들은 새롭고 담대한 삶으로 부르시는 주님의 초청을 절대로 받아들이지 않았던 것이다.

그 다음으로 그날 육체적인 치유를 받으려고 회당에 모여 있었던 다리 절고, 눈 멀고, 병든 사람들로 이뤄진 커다란 그룹이 있었다. 주님이 가시는 곳마다 그분의 치유자로서의 명성이 그분을 앞서 갔으며, 상처 입은 몸을 가진 사람들은 그분을 만나 치유를 받으려고 그분을 따랐다. 그 그룹에 속한 한 사람이 손 마른 사람이었다. 복음서에 기록된 헬라어 단어는 실제로 "마른 손을 가진 사람"이라는 뜻이다. 그리고 그 동사 형태는 손이 마른 것이 전염병이 아니었음을 지적하고 있다. 아마도 그는 어떤 사고로 화상이나 상처를 입었을 것이다. 그 원인이 무엇이든 간에, 그는 소망을 가졌고—치유를 받았다.

그 안식일의 회당 내에는 또 한 그룹의 핸디캡이 있는 사람들이 있었다. 그들은 서기관과 바리새인들이었다. 그들은 요구가 많은 그들의 종교의 규칙과 규례들에 의한 핸디캡을 안고 있었다. 그들은 모세 율법에 가장 엄밀하고도 상세한 세부 적용 사항들을 포함시켰다. 이러한 인위적인 특별 규칙들은 때로 십계명 자체 만큼 또는 그보다 더 중요한 것이 되었다. 율법주의는 서기관과 바리새인들의 거짓 신이 되었다. 그들은 하나님의 사랑을 시야에서 놓치고, 규례들에 대한 절대적인 순종에 지나치게 사로잡힌 나머지 핸디캡을 안게 되었던 것이다.

서기관과 바리새인들은 거룩한 날인 안식일에 해야 할 일과 해서는 안 되는 일들을 규정해 놓은 안식일 규례에 순종하는 데 특별한 관심을 갖고 있었다. 그들은 이러한 규례들을 무시하신 예수님께 격노했다. 그들의 분노의 불길은 예수님의 제자들이 안식일에 밭에 들어가 이삭을 잘라 먹음으로 더 거세게 타오르게 되었다. 그것은 안식일에 일을 한 것으로 간주되었다. 그리고 안식일에 일을 하는 것은 엄격하게 금지되어 있었다. 게다가, 예수님께서는 안식일에 병자들을 치유하셨다. 이제 서기관과 바리새인들은 그분이 치유하실 병자들이 회당에 있는 줄을 알고서 회당을 찾아 왔던 것이다. 그들은 만반의 준비를 갖추고 무슨 일이 일어나는지를 지켜 보고 있었다.

여러분과 나는 핸디캡이 있는 세 부류의 사람들 중 어느 하나에 속할 가능성이 있다. 예수님께서 손 마른 사람을 어떻게 치유하셨는가를 보는 중에 여러분의 핸디캡에 마음을 집중시키도록 하라.

다시 한 번 여러분의 마음의 눈을 그 장면에 집중시켜 보라. 여러분이 직접 그 상황에 처해 있다고 생각해 보라. 당연히 예수님께서는 말씀을 요청받으셨다. 아마도 그분은 넋을 잃고 귀를 기울이고 있는 사람들 앞에 앉아 계셨을 것이다. 그리고 반대쪽에는 거만한 태도로 예수님께서 안식일의 규례를 어기는 현장을 포착할 준비를 갖추고 지켜 보는 서기관과 바리새인들이 앉아 있었을 것이다.

나는 그 장면을 그려 볼 때, 예수님께서 억누를 수 없게 손 마른 사람에게 주의를 기울이시는 모습을 상상하게 된다. 나는 자기 옷 아래 손을 감추고 앉아 있는 그의 모습을 보게 된다. 그의 방어적인 몸짓은 그 손을 노출하는 경우보다 더 많은 주의를 끌게 되었다. 그러나 예수님께서는 판단하는 눈초리로 자신을 지켜 보는 서기관과 바리새인들의 시선도 의식하고 계셨다. 마지막으로 그들은 주님을 함정에 빠뜨려 고발할 계획으로 손 마른 사람의 주제로 주의를 환기시켰다.

"한쪽 손 마른 사람이 있는지라 사람들이 예수를 고발하려

하여 물어 이르되 안식일에 병 고치는 것이 옳으니이까 예수께서 이르시되 너희 중에 어떤 사람이 양 한 마리가 있어 안식일에 구덩이에 빠졌으면 끌어내지 않겠느냐 사람이 양보다 얼마나 더 귀하냐 그러므로 안식일에 선을 행하는 것이 옳으니라 하시고"(마 12:10-12).

예수님께서는 서기관과 바리새인들의 답변을 기다리시지 않고, 규칙과 규례 위에 있는 인간의 생명의 가치를 강조하는 비유를 지적하셨다. 그분은 즉시 손마른 사람에게 매우 도전이 되는 명령을 내리셨다. 세 복음서의 내용을 종합해 보면, 그분은 우선 "일어나 한가운데 서라"(눅 6:8)고 말씀하셨다. 그러고 나서 "한가운데에 일어서라"(막 3:3)고 말씀하셨다. 그리고 마지막으로 "손을 내밀라"(마 12:13)고 명하셨다.

그 세 명령은 의미심장하다. 그는 자기의 필요를 숨김 없이 드러내야 했다. 어쩌면 그는 자리에서 일어나기 위해 마른 손을 드러내야 했을 것이다. 예수님께서 그에게 일어나 한가운데 서라고 말씀하셨을 때, 그는 모든 사람과 지도자들을 마주 대하게 되었다. 이 경우에 예수님께서는 직접적이고도 인격적인 만남을 원하셨다. 처음 두 명령은 세 번째 명령을 준비시키는 것이었다. 그 사람은 즉시 불가능하다고 판단을 내렸을 세 번째 명령을 받을 수 있기 전에 가능한 것들에 순종할 수 있어야 했던 것이다.

오늘날 우리의 다양한 필요들 가운데 일어나는 예수님의 치유의 기적들의 서막은 우리에게 할 일들에 대한 단순한 규칙들을 우리에게 부여하는 것이다. 신실한 순종은 우리의 의지를 재형성하여 그분의 명령을 따를 수 있게 만들어 준다. 그분은 우리에게 순종하도록 명하신다. 순종은 그분이 불가능한 일을 감히 행하도록 명하실 때 그분을 믿도록 준비시켜 주는 것이다.

그리고 주님께서 그 사람에게 명하실 수 있었던 가장 불가능한 일은 그의 손을 내밀라는 것이었다. 몇 가지 일이 잘 협조가 되어서 불가능한 일을 가능하게 만들어 주기 시작했다. 첫 번째는 그 사람이 예비적인 명령들을 기꺼이 따른 것이었다. 그 다음으로 자기 손을 내밀었던 일을 생각하는 그의 상상력이 해방되는 일이 이어졌다. 그리고 나서 그의 뇌로부터 행동을 지시하는 신호가 이어졌다. 그리고 예수님의 명령에 따라 그 순간 신적인 힘이 그의 몸 안에 흐르기 시작했다. 여러 해 동안 사용되지 않은 근육과 신경 조직에 힘이 공급되었다. 기적이 일어났다. 그날 이 기적을 목격한 예수님의 제자 중 한 사람인 마태는 이렇게 말하고 있다. "이에 그 사람에게 이르시되 손을 내밀라 하시니 그가 내밀매 다른 손과 같이 회복되어 성하더라"(마 12:13).

두 비유─한 진리

나는 예수님께서 그날 두 비유를 가르치셨다고 확신한다. 그분은 안식일에 구덩이에 빠진 양에 관한 비유로 말씀을 시작하셨다. 그 치유는 그분이 전달하시고자 했던 진리를 정확히 보여 준, 실행에 옮겨진 비유였다.

왜 그분은 무리 중에 속했던 많은 병자와 고통당하는 사람들 중에서 그 손마른 사람을 선택하셨을까? 나는 그것이 그 사람의 필요 뿐 아니라 손이 인간의 삶과 이스라엘의 언어에 차지하는 중요한 의미 때문이기도 했다고 생각한다. 주님의 손은 환유법적—주님의 임재와 능력을 의미하기 위해 손이라는 단어를 대용하는 표현 방식—인 표현이었다.

시편 기자는 이렇게 기도했다. "나의 앞날이 주의 손에 있사오니"(시 31:15). "주의 오른쪽에 있는 자 곧 주를 위하여 힘있게 하신 인자에게 주의 손을 얹으소서"(시 80:17). 성경은 책임과 행동의 대리인을 언급할 때, 동일한 상징적 용법을 손에 대해서 사용하고 있다. "네 손이 일을 얻는 대로 힘을 다하여 할지어다"(전 9:10).

우리 시대에는, 어떤 사람의 능력과 활동에 관한 너무나 많은 말이 손을 빌어 표현되고 있다.

- ○○○손을 빌리다.
- 그건 내 손 안에 있다.
- 그는 빌린 손이다.
- 그는 농구에 손 재주가 있다.
- 이 일은 내 손에서 떠났다.

그 사람에게 손을 내밀라고 명하셨을 때, 예수님께서는 그 사람의 손과 하나님의 손이 함께 만나기를 원했다. 사실상 그분은 이렇게 말씀하고 계셨다. "여호와께 네 손을 잡으시게 하여라. 그분께 네 자신과 너의 필요를 드려라. 그분이 나의 명령을 통해서 너를 만지실 것이다."

여러분이 이미 생각할 수 있었던 것처럼, 나는 이러한 상징적인 배경에 '핸디캡이 있는'이라는 단어를 사용하고 싶다. 여러분의 손―여러분 자신―이 두려운 제한들과 믿음의 부족 때문에 여러분에게 가능한 것들에 덮개를 씌우고 있을 때, 여러분은 주님의 손이 여러분의 손을 들어 올리사 제한을 가하는 그 덮개를 치우도록 허락할 필요가 있다.

여러분의 손을 내밀라

여러분을 나타내는 손과 여러분을 제한하는 핸디캡들을 생각해 보라. 여러분의 마른 손을 들어 주님의 손을 향해 내미는 모습을 마음속에 그리면서 각 손가락을 만져 보라. 그리고 다음과 같은 중요한 다섯 가지 방법을 통해 임하는 그분의 치유를 생각해 보라.

1. 주님께 내민 여러분의 마른 손의 첫 번째 손가락은 불가능을 실현하는 것이다. 그것은 그분의 인도를 요구한다. 우리는 그분이 우리를 위해 뜻하지 않으신 일을 성취하기 위해 그분의 능력을 원하는 경우가 너무나 많다. 그러나 만일 우리가 그분께 구한다면, 그분은 우리가 시도했으면 하고 그분이 바라시는 일을 우리 자신이 실제로 행하는 모습을 그려볼 수 있도록 도와주실 것이다. 우리가 그것에 초점을 맞출 때, 그분은 자신의 때에 그 일을 이룰 수 있는 능력을 우리에게 주실 것이다. 그것은 두 번째 손가락을 요구한다.

2. 여러분의 무능력을 인정하라. 만일 우리가 우리의 핸디캡을 극복하기 위해 감히 행하는 일이 우리 스스로의 자원들을 통해서 성취될 수 있다면, 그 일은 그분의 치유와 힘을 요구할 정

도로 큰 일이 아닐 것이다. 주님께서는 우리가 "저는 그 일을 할 수 없습니다"라고 말할 수밖에 없는 도전과 위기 안으로 우리를 밀어넣기를 기뻐하신다. 그러고 나서 그분은 이렇게 물으신다. "나는 할 수 있다고 믿느냐?" "그렇습니다"라고 말할 수 있을 때, 우리는 기적을 체험하는 도상(道上)에 있는 것이다.

3. 세 번째 손가락은 그리스도의 명령을 받아들이는 것이다. 그분의 명령을 주의 깊게 들으라. 회당 안에 있던 그 사람처럼, 주님께서는 우리가 있는 곳에서 우리와 함께 시작하사, 약간의 연습과 더불어 우리의 연약한 뜻을 강화시켜 주신다. 어떤 희생을 치루더라도 꼭 그렇게 하라. 이 일은 우리의 핸디캡이 가져다 주는 제한을 극복할 수 있게 해 주는 큰 명령을 따를 수 있도록 준비시켜 준다.

4. 우리의 네 번째 손가락은 지극히 중요하다. 그것은 그리스도의 개입을 받아들이는 것이다. 더 나아가서 그분의 개입을 기대하라. 그분은 만주의 주이시다. 그분은 우리를 도와 주리라고 기대하지 않은 사람들을 배치하신다. 삶을 주관하시는 통치자이신 그분은 우리가 전혀 기대할 수 없었던 환경을 마련하신다. 그러나 무엇보다도, 우리 안에 거하시는 주님께서는 우리의 인간의 능력과 지적인 재능을 훨씬 초월하는 능력을 허락하신다. 그 결과 우리는 가능하다고 생각하지 않았던 능력을 소유하게 될 것이다. 그리고 우리의 마음도 우리의 지능지수와 지식을 초월하는 생각들을 마음에 품을 수 있게 될 것이다.

5. 마지막으로, 다섯 번째 손가락은 그분의 영향을 인정하는 것이다. 누가 기적을 행했는지를 스스로 상기하고, 그 사실을 다른 사람들에게 말할 준비를 갖추라. 종종 우리는 별로 말을

하지 않으려는 유혹을 받는다. 그것은 우리가 성취된 일을 우리 자신의 힘으로 이뤘다는 인상을 만들어낸다. 나는 열 명의 나병환자가 치유받은 기사를 읽을 때마다 언제나 깊은 감동을 받게 된다. 치유를 받은 후에 주님께 돌아와 찬양을 드린 사람은 한 사람에 불과했다.

여러분의 마른 손을 내밀어 주님의 손 안에 놓는 것은 순간 순간 이뤄지는 지속적인 과정이다. 그분의 영이 임재하고 계신다. 그분이 여러분의 기도를 듣고 계신다. "주여, 제 손을 잡으소서." 그분은 우리를 치유하고 축복하시기 위해 기다리고 계신다.

우리는 오순절 이후의 그리스도인들이다. 요엘의 예언은 주님께서 모든 육체에 자신의 영을 부어 주시는 일이 우리의 일상적인 체험이 될 때 일어날 것이다.

> 그 후에 내가 내 영을 만민에게 부어 주리니 너희 자녀들이 장래 일을 말할 것이며 너희 늙은이는 꿈을 꾸며 너희 젊은이는 이상을 볼 것이며 그 때에 내가 또 내 영을 남종과 여종에게 부어 줄 것이며(욜 2:28-29)

요엘의 예언이 늙은이와 젊은이, 남종과 여종에 대한 것임을 주목하라. 모든 사람들에게 은사가 주어지는 것이다. 내 생각에 성령 충만의 세 가지 측면은 모든 사람이 받게 되어 있다. 그 세 가지 은사를 요엘이 나열한 것과 약간 다른 순서로 고찰해 보라.

성령이 주어질 때, 우리는 주님께서 원하시는 일에 대한 이상을 보게 된다. 그 때 우리는 그 이상 속에 우리가 실제로 참여하는 새로운 꿈을 꾸게 된다. 그 다음으로 우리는 예언을 하게 된다. 그것은 예언에 후언(後言, forthtelling)이 추가됨을 의미한다. 우리는 주님께서 일어날 수 있다고 우리에게 예언으로 말씀하신 것을 후언한다. 그리고 우리는 우리의 예언의 은사의 일부로 그분이 우리를 위해 행하신 일과 행하고 계시는 일을 다른 사람들에게 알리며 찬양한다.

그것이 바로 오순절에 일어난 일이다. 그리스도께서 삼년 동안의 공생애 기간 동안 제자들에게 주시고, 부활하신 후와 승천하시기 전에 다시 말씀하신 이상은 그들의 마음속에 장차 일어날 수 있는 일에 대한 뚜렷한 영상(映像)을 심어 주었다. 그후 오순절이 가까워졌을 때, 그들은 그 일이 일어나는 꿈을 꾸기 시작했다. 그리고 그들은 성령 충만을 받았을 때, 주님께서 예언된 대로 행하신 놀라운 일들을 후언하였다.

일어나라. 주님께 나아가 손을 내밀고 아름다운 찬양을 부르라.[1]

> 주님여 이 손을 꼭잡고 가소서.
> 약하고 피곤한 이 몸을.
> 폭풍우 흑암 속 헤치사 빛으로
> 손잡고 날 인도하소서.

고통을 최대한으로 활용하라

제 10 장

제10장

고통을 최대한으로 활용하라!

아마도 여러분은 이 장의 제목에 놀랄 것이다. 우리 모두는 고통을 피하고 싶어한다. 고통을 통해서 무엇을 배울 수 있다는 사실을 생각조차 하기 싫어하는 것이다. 우리의 기도들은 대개 고통을 최대한으로 활용할 수 있도록 도와 주시기를 간구하기보다는 모든 고통의 체험에서 건져 주시기를 주님께 구하는 기도들이다.

그러나 정직하게 판단할 때 우리는 인생을 살아가는 동안 고통이라는 사실을 피할 수 없다. 우리는 육체적인 고통과 문제들, 그리고 어려움들을 겪는다. 우리는 그것들에 대해 기도한다. 그런데 우리의 기도들은 종종 우리가 바라는 때에 응답되지 않는 것처럼 보인다. 기다림과 방황은 심한 고통을 주게 된다. 우리는 주님께 하실 일과 그 일을 하실 때를 말씀드리기를 원한다.

우리가 기다리는 기간 동안 어떤 것을 얻을 수도 있다는 생각은 놀랄만한 것이다. 그리고 그 시기가 우리를 위한 최선이라고 생각하는 것보다 더 오래 지속 될 때, 그것은 몹시 싫은 것이 된다. 우리는 우리가 겪고 있는 고통을 통해서 더 심오한 교훈들을 배울 수 있는 가능성에 귀를 기울이지 않는다. 우리가 가장 좋아하는 소망은 주님께서 우리로 하여금 우리의 문제들의 치유나 해결을 기다리도록 허락하시기보다는 우리가 더 크게 성장할 수 있는 또 다른 방법들을 발견하시리라는 것이다.

우리 교회에 출석해 온 한 여자가 그런 태도를 생생히 표현하였다. 나는 어느 날 주일 아침 교회로 가는 도중에 그녀를 만났다. 내가 이 장에 붙인 바로 그 제목은 로스앤젤레스 타임즈(Los Angeles Times)에 발표한 그 주일의 설교 제목이었다. 그 여자는 그 광고문을 읽고 마음이 동요되었다. 그녀는 나를 멈춰 세우고, 자신의 관심사를 단도직입적으로 밝혔다.

"로이드 목사님, 저는 오늘 아침 메시지 제목이 마음에 안 들어요. 저는 목사님 말씀을 들으러 왔어요. 하지만 이 제목이 암시하는 내용이 정말 마음에 들지 않는군요. 저는 지난 몇 주 동안 그리스도의 치유를 다룬 목사님의 메시지들을 즐겨 들어 왔어요. 하지만 저는 목사님께서 오늘 어떤 말씀을 하실까를 생각하니 정말 걱정이 되는군요. 더 큰 슬픔과 고통을 제외하고 고통으로부터 무엇을 얻을 수 있다는 말인가요? 저는 고통을 견뎌낼 수 있도록 도와 주실 뿐 아니라 그 고통에서 건져내실 수 있는 주님을 원해요. 오늘 목사님께서 말씀하실 것이라고 생각하는 내용은 목사님께서 우리를 치유하시고, 우리의 문제들을 해결하시고, 어려운 일들에서 우리를 자유롭게 해 주시는 그리스도의 능력에 관해서 말씀해 오신 내용과 모순되는 것 같아요. 저는 목사님의 메시지가 목사님께서 우리 안에 일으키신 모든 소망을 무효로 만들지 않기를 바란답니다."

나는 이렇게 대답했다. "천만에 말씀입니다. 우리는 우리의 기도들에 대한 응답을 기다리는 시간들을 맞아 왔습니다. 오늘 제 관심사는 그 시기들을 최대로 활용하는 비결들을 여러분과 함께 나누는 것이 될 겁니다. 우리가 우리를 치유하시는 주님의 타이밍에 관해 말씀드릴 수 있다고 생각하는 권리를 포기한다면, 그와 동시에 우리는 그분께서 우리에게 말씀하실 수 있는 내용을 발견할 수 있도록 자유로워집니다. 주님께서 우리에게 무엇을 주시든 아니면 한 동안 기다리게 하시든, 그것은 우리가 이전에 몰랐던 더 깊은 교제 안으로 우리를 인도하시기 위함인 것입니다."

그 여자의 얼굴에 나타난 표정은 그녀가 내 말의 의미는 알고 있었지만, 자신의 삶 가운데 체험하고 있었던 일 때문에 그 생각을 거부하고 있음을 보여 주었다. 나는 그녀가 응답되지 않는 기도처럼 여겨지는 것과 씨름하고 있음을 알 수 있었다.

나는 이렇게 물었다. "혹시 지금 당장 어떤 고통을 겪고 계시고, 즉각적인 응답을 구하고 계십니까? 주님께서 당신이 그분을 신뢰하고 의존하는 가운데 발견하도록 도우실지도 모르는 것이 여전히 남아 있기 때문에 그 응답이 임하지 않을지도 모른다고 제가 말할까봐 두려워하고 계십니까?"

그러자 그녀는 "어떻게 아셨죠?"라고 놀라며 대답했다. "그래요. 저는 기다리는 데 지쳐 있답니다. 저는 주님의 타이밍을 기다리는 데 지쳤어요."

나는 이렇게 강조하며 말했다. "당신과 저는 '주님, 어제 그렇게 해 주십시오' 클럽(Lord, do it yesterday's club)의 동료들입니다. 우리 두 사람에게는 우리의 필요들에 대한 즉각적인 해결책보다 더 큰 기적이 필요한 것처럼 들리는군요. 우리에게 필요한 것은 주님 자신과 그분의 계획과 목적에 따라 우리를 위해 원하시는 것입니다. 당신께 약속합니다. 만일 오늘 마음의 문을 열고 제가 전할 메시지를 들으신다면, 인생의 어려운 기다리는 기간 동안 주님께서 우리를 위해 행하시는 일을 최대한 정직하게 나누고자 합니다."

"좋습니다." 그녀는 그날 아침 처음으로 미소를 띠며 말했다. 그러고 나서 그녀의 눈에서 눈물이 샘솟듯 흘렀다. 그녀는 자기가 몇 달 동안 겪은 육체적 고통에 대해서 이야기했다. 그녀는 그 사실을 가족과 친구들에게 숨기고 있었다. 그리스도의 치유의 능력에 대한 나의 메시지들이 그녀를 교회로 이끌었다. 그러나 그녀는 자신의 삶을 완전히 드리고 자신의 필요를 완전히 주님께 맡기라는 도전을 거부했다.

그녀의 필요들에 대해서 기도하는 것과 그녀의 삶 전체를 주님의 통제 하에 맡기는 것은 별개의 것이었다. 그것은 그녀의 자부심과 교만함 때문이었다. 그녀는 스스로 해결할 수 없는 문제를 발견했을 때, 주님께 도움을 구했다. 그녀는 즉시 치유가 이뤄지지 않자, 화가나고 분개하게 되었던 것이다.

대화가 끝나가면서, 나는 그녀에게 육체적인 질병만을 주님께 맡기고 언제 어떻게 치유되었으면 좋겠는가를 주님께 말씀드릴 뿐 아니라, 그녀의 삶 전체를 주님께 맡길 필요성을 진지하게 고려해보도록 권유하였다. 나는 예배 후에 그렇게 할 수 있는 기회가 있으리라는 사실을 그녀에게 일깨워 주었다. 나는 이렇게 격려했다. "주님을 신뢰하십시오. 그분은 결코 이르거나 늦으신 적이 없습니다. 그분의 지연(遲延)은 거부가 아니라 그분이 우리 안에서 행하시는 가장 위대한 기적들을 받을 수 있는 기회입니다." 그녀는 그 약속을 고대하면서 성전 안으로 들어갔다.

기다림의 골짜기들

내가 그 날 아침 설교에서 전한 메시지는 이 장에서 전달하고자 하는 바로 그 내용이다. 인생에는 승리와 기쁨의 봉우리들이 있다. 반면에 우리의 기도의 응답을 조바심내며 기다리는 골짜기들도 있다. 나는 그 골짜기들에 대한 세 가지 사실을 배웠다. 처음 두 가지 사실은 이제 굳은 확신이 되었다. 그리고 세 번째 사실은 내가 끊임 없이 배워야 하는 사실이다.

첫째로, 나는 기도의 응답을 기다리는 골짜기들을 통과하는 동안 주님의 은혜 가운데 가장 크게 성장해 왔다.

둘째로, 내가 주님 자신에게서 받은 것을 감사하는 마음으로 돌이켜 볼 수 있는 것은 대개 고통의 시기가 끝이 나고 돌이켜 생각할 때이다. 나는 골짜기에서 체험한 더 깊은 진리와 확신을 부드럽고 평탄한 삶과 바꾸지 않을 것이다.

셋째로, 나는 새로운 골짜기가 나타날 때, 첫 번째 반응이 내게 일어나는 일의 결과로 내 안에서, 그리고 나를 통해서 일어날 일을 인해 사전(事前)에 주님께 감사와 찬양을 드릴 수 있도록, 어려운 시기들이 주님과 나의 관계에 제공한 바를 기억할 수 있게 되기를 갈망한다. 처음 떠오르는 생각이 다음과 같은 것이 되기를 원한다. '주여, 저는 주님께서 이것을 보내지 않으신 줄 압니다. 하지만 주님께서는 그것을 허락하셨으며, 모든 일이 합력해서 선을 이루시는 역사의 일부로 그것을 사용하시리라는 사실을 알고 있습니다. 저는 주님을 전적으로 신뢰합니다!'

여러분도 이런 소망을 나와 함께 나누고 있는가? 앞서 생각하기 보다 나중에 생각하기를 더 잘하는가? 나는 돌이켜 생각하기를 잘 한다. 나는 어려운 시기가 해결되거나, 긴장된 관계가 치유되거나, 육체적으로 고통당하는 시기가 과거가 된 후에 돌이켜 생각하기를 잘하는 것이다. 그리고 나는 먼 발치에서 앞을 내다 보는 데에도 아무 문제가 없다. 내게는 미래의 목표와 비전이 결여되어 있지 않은 것이다.

내게 필요한 것은 과거에 그렇게도 신실하셨던 주님께서 현재를 헤쳐나갈 수 있도록 나를 인도하시리라고 믿으면서, 임박한 문제들의 더 깊은 의미를 보고 해석하고, 현재의 도전들 가운데 더 온전하게 살 수 있도록 더 근시(近視)가 되는 것이다.

주님께서 인생의 골짜기들에 베풀어 주시는 특별한 기적들은 그분의 은혜이다. 그분은 우리가 자신의 비할 데 없는 사랑을 깊이 체험하게 되기를 간절히 원하신다. 종종 그분은 우리가 자신을 더 의지하고 자신의 은혜를 더 온전히 체험할 수 있도록, 우리의 요청에 즉시 응답하심으로 우리를 축복하시기보다는 기다리기를 선택하신다.

그것이 사도 바울이 삶의 여정에 겪은 특별히 어려운 골짜기에서 발견한 위대한 사실이었다. 바울이 말하고 있는 자신이 배운 교훈은 우리에게 우리의 고통을 최대한으로 활용하는 비결을 제공해 주고 있다. 고린도후서 11:16~12:10을 아주 자세하게 읽어 보라. 이 구절에서 우리는 바울 사도의 내면적인 마음과 생각 안으로 빠져 들게 된다. 이제까지 살았던 가장 힘 있는 그리스도인들 중 한 사람이 솔직하게 마음을 열고 자신이 받은 고통과 오랫동안 응답되지 않은 기도처럼 보이는 것에 대한 응답으로 주님께서 베푸신 은혜에 대해서 고백하고 있다.

약간의 배경을 살펴 보는 것이 유익하다. 바울은 고린도후서의 후반부에서 자신의 사도직을 변호하고 있다. 그는 그 과정에서 그보다 훨씬 더 많은 것을 성취하고 있다. 그는 우리에게 육체적인 필요들과 어려운 문제들에 대한 주님의 치유를 기다리는 힘든 시기의 의미를 풀어 주는 열쇠를 제공해 주고 있다.

바울은 몇 단계의 고난을 언급하고 있다. 첫 번째는 환경적인 고난이다. 바울은 그 사역 중에 육체적인 역경과 박해를 겪었다. 환난을 면했으면 하는 우리의 단순한 바람은 그가 겪은 역경의 목록을 읽을 때 치유된다. 그는 자신을 고린도의 거짓 교사들과 그들의 신임장과 비교하면서 이렇게 말했다.

> 그들이 그리스도의 일꾼이냐 정신 없는 말을 하거니와 나는 더욱 그러하도다 내가 수고를 넘치도록 하고 옥에 갇히기도 더 많이 하고 매도 수없이 맞고 여러 번 죽을 뻔하였으니 유대인들에게 사십에 하나 감한 매를 다섯 번 맞았으며 세 번 태장으로 맞고 한 번 돌로 맞고 세 번 파선하고 일주야를 깊은 바다에서 지냈으며 여러 번 여행하면서 강의 위험과 강도의 위험과 동족의 위험과 이방인의 위험과 시내의 위험과 광야의 위험과 바다의 위험과 거짓 형제 중의 위험을 당하고 또 수고하며 애쓰고 여러 번 자지 못하고 주리며 목마르고 여러 번 굶고 춥고 헐벗었노라 이 외의 일은 고사하고 아직도 날마다 내 속에 눌리는 일이 있으니 곧 모든 교회를 위하여 염려하는 것이라 누가 약하

면 내가 약하지 아니하며 누가 실족하게 되면 내가 애타지 아니하더냐 내가 부득불 자랑할진대 나의 약한 것을 자랑하리라(고후 11:23-30)

사도 바울은 이 일들을 통해서 자기 기도에 응답해 주시는 그리스도의 능력을 체험하였다.

그러고 나서 바울은 자신의 사도직의 또 다른 증거로 자기에게 주어진 지복의 직관(a beatific vision, 천사 및 천상의 여러 성도가 하나님의 모습을 접하는 일—역자주)을 계속해서 언급하고 있다. 그는 그것을 다른 사람의 체험으로 서술하고 있다. 그럼에도 불구하고 그는 후에 그것을 자신의 경험으로 밝히고 있다. 그는 하늘나라, 주님의 영광을 눈으로 보고, 말로 표현할 수 없는 진리의 말씀을 들었다. 그러나 신비스러운 일이 일어났다. 믿기 힘든 환경적인 고난을 겪은 바로 그 사도가 자기가 받은 영광스러운 직관에 대한 교만의 문제를 직면하고 있었던 것이다.

그와 동시에 바울은 육체적인 병으로 고통받고 있었다. 그것이 무엇인가에 대해서는 많은 추측이 난무해 왔다. 어떤 사람들은 그것이 눈병이었다고 추측해 왔다. 또 다른 어떤 사람들은 그것이 말라리아였을 것이라고 추측해 왔다.

사실 우리는 그것이 무엇이었는지를 확실히 모르고 있다. 우리가 아는 것은 어떤 육체적 결함이 사도의 1차 전도 여행 중에 그에게 고통을 주었다는 사실이다. 나는 그가 그 질병을 명백히 밝히지 않은 데 대해 감사한다. 그것은 우리가 겪고 있는 육체적인 문제가 무엇이든 공감을 느끼게 해 준다. 무엇보다도, 우리는 주님의 치유를 구했지만 응답되지 않은 기도로 여겨진 것과 씨름한 바울과 우리를 동일시할 수 있다.

교만과 육체적인 병과 벌인 이중적인 씨름에 대한 바울의 직접적인 설명을 주의 깊게 고찰해 보자.

> 여러 계시를 받은 것이 지극히 크므로 너무 자만하지 않게 하시려고 내 육체에 가시 곧 사탄의 사자를 주셨으니 이는 나를 쳐서 너무 자만하지 않게 하려 하심이라 이것이 내게서 떠나가게 하기 위하여 내가 세 번 주께 간구하였더니(고후 12:7, 8)

바울의 가시가 그의 교만이었을까 아니면 병이었을까? 나는 그 두 가능성을 모두 논하고 개인적인 결론을 내리고자 한다.

그의 육체의 가시가 바울이 앓았던 질병이었다는 강력한 주장이 대두될 수 있다. 만일 그렇다면, 사도는 자기가 자만하지 않도록 사탄으로 말미암은 질병이 주어졌다고 말하고 있는 것이 된다. 그 질병은 마침내 그로 하여금 주님의 치유를 구하게 만들었다. 그가 그것이 사탄의 사자였다고 말하고 있음을 주목하라. 사탄이 질병으로 그를 쳤다. 그 이유가 무엇일까? 그가 "계시를 받은 것이 지극히 크므로 너무 자만하지 않게" 하려 하심이다.

이제 또 한 가지 가능성 있는 해석을 고려해 보자. 바울은 성경에 철저하게 익숙한 히브리인이었다. 구약 성경에 몇 차례 사용되고 있는 "육체에 가시"라는 말은 단 한 번도 육체적인 질병을 의미한 적이 없다. 오히려 그것은 적들의 위험과 위협을 의미했다. 모세는 민수기 33:55에서 가나안 거민을 다음과 같이 묘사하고 있다. "너희가 만일 그 땅의 원주민을 너희 앞에서 몰

아내지 아니하면 너희가 남겨둔 자들이 너희의 눈에 가시와 너희의 옆구리에 찌르는 것이 되어 너희가 거주하는 땅에서 너희를 괴롭게 할 것이요." 또한 여호수아도 가나안의 적들을 이렇게 묘사하고 있다. "확실히 알라 너희의 하나님 여호와께서 이 민족들을 너희 목전에서 다시는 쫓아내지 아니하시리니 그들이 너희에게 올무가 되며 덫이 되며"(수 23:13). 다윗도 사무엘하 23:6에서 "사악한 자"를 가시로 언급하고 있다.

육체의 가시가 외적, 인간적인 적의 비유로만 사용되고 있는 이러한 참고 구절들을 기초로, 일부 성경 해석자들은 바울의 육체에 가시가 그의 질병이 아니라 그가 가는 곳마다 따라 다니면서 그를 괴롭히고 박해한 이스라엘의 지도자들이라고 주장해 왔다. 그들이 사도를 괴롭히기 위해 사탄이 보낸 사자들이었다는 것이다.

더 깊은 질문이 사탄이 사용하는 방법들에 대해 제기된다. 사탄이 바울의 지복의 직관 때문에 그가 자만하지 않게 하려고 그를 쳤을까? 그럴 가능성은 희박하다. 교만이야말로 사탄이 우리를 무력하게 만들기 위해 사용하는 가장 강력한 무기이기 때문이다. 그것은 교만 자체가 바울의 육체에 가시였다는 강력한 주장을 제시한다. 그는 자기 원수의 손에 고통받는 것을 크게 자랑스럽게 여겼다. 그것이 그의 직관과 함께 그를 영적으로 위험한 상태에 처하게 만들었다.

그것은 사도를 기도하게 만들었다. "이것이 내게서 떠나가게 하기 위하여 내가 세 번 주께 간구하였더니 나에게 이르시기를 내 은혜가 네게 족하도다 이는 내 능력이 약한 데서 온전하여짐이라 하신지라 그러므로 도리어 크게 기뻐함으로 나의 여러 약한 것들에 대하여 자랑하리니 이는 그리스도의 능력이 내게 머물게 하려 함이라"(고후 12:8, 9). 세 번이라는 단어는 "반복하여, 자주, 열심히"라는 뜻을 가진 히브리어의 관용어이다.

그의 은혜가 족하다는 주님의 응답은 육체적인 필요들에 대한 기도가 응답되지 않는 데 대한 변명으로 사용되어 왔다. 그것은 또한 우리가 질병을 위해 기도하는 것 자체의 부당성을 옹호하는 데 사용되기도 했다. 그리고 그것은 주님께서 우리의 삶의 문제들을 위해 드리는 일부 기도에 응답하지 않으신다는 생각을 정당화 하는 데에도 자주 사용되고 있다. 어떤 사람이 오랫동안 기다리고 있을 때 우리는 이렇게 말한다. "낙심하지 마세요. 사도 바울을 보세요. 그는 기도했지만 응답을 얻지 못했답니다."

그와 반대로, 나는 주님께서 바울의 기도를 이중적으로 응답해 주셨다고 믿는다. 그 응답은 그분의 은혜였다. 바울은 자신의 사도직의 진정성을 확립하기 위해 자기가 인간적으로 성취한 공로나 자신이 받은 계시를 자랑스럽게 여길 필요가 없었다. 그는 그리스도만으로 족했다. "족하다"로 번역된 헬라어 단어, 〈아르케오〉(arkeo)는 "위험에서 건져내다, 보호하다"라는 의미를 가지고 있다. 가장 중요한 사실은, 바울의 삶에 나타난 그리스도의 은혜가 그의 약한 데서 온전해졌다는 것이다. 여기서 "온전하여진다"라는 의미로 사용된 헬라어 단어는 현재 수동태 직설법인 〈텔레오〉(teleo)로 "완성하다, 어떤 목적을 성취하다"라는 뜻을 가지고 있다.

자신의 부족함을 인식한 바울은 마음을 열고 족한 은혜를 받아들였다. 은혜는 그리스도 자신이시다. 공로에 기초하지 않고,

불변하며, 비할 데 없고, 무조건적인 사랑인 것이다. 바울에게는 은혜를 받을 만한 공로가 없었다. 자신의 연약함을 인정하는 그의 태도가 은혜를 받을 수 있게 만들어 준 것이다.

주님께서는 "내 은혜가 네게 족하도다 이는 내 능력이 약한 데서 온전하여짐이라"고 말씀하셨을 때, 바울의 기도에 직접 응답하셨다. 그분은 그의 가장 깊은 필요를 채워 주셨다. 바울이 구한 것은 그리스도의 은혜뿐이었다. 나는 주님과 깊은 교제를 나누는 데 방해가 되는 교만―거짓된 안전을 제공한다―이 그의 육체적인 질병의 치유를 받아들이는 것을 어렵게 만들었다고 생각한다. 그리스도의 은혜가 용서받은 죄인이라는 자신의 신분의 유일한 기초라는 사실을 새롭게 깨달은 바울은 다른 사람들의 치유를 자주 구했던 것처럼, 자신의 몸의 치유를 위해 기도할 수 있게 되었다.

질병이나 우리의 필요들에 대한 기도 응답의 부재를 정당화하려는 또 다른 함정에 빠지지 않기 위해서, 우리는 주님의 은혜에 대한 바울의 반응을 주의 깊게 연구해야 한다. "…그러므로 도리어 크게 기뻐함으로 나의 여러 약한 것들에 대하여 자랑하리니 이는 그리스도의 능력이 내게 머물게 하려 함이라"(고후 12:9).

이 말이 그 시간부터 바울이 그리스도의 능력이 자기에게 머물도록 하기 위해서 아픈 것을 기뻐했음을 의미하는가? 나는 그렇게 생각하지 않는다. 동일한 헬라어 단어, 〈아스세네이아〉(astheneia)는 이 구절에서 두 가지 서로 다른 의미로 번역되고 있다. 번역자들이 그 단어를 그리스도께서 "…이는 내 능력이 약한 데(astheneia)서 온전하여짐이라"고 말씀하실 때에는 "약한 데"라고 번역하고 있는 반면에, 바울이 "이러므로 도리어 크게 기뻐함으로 나의 여러 약한 것들(astheneia의 여격 복수)에 대하여 자랑하리니"라고 말할 때에는 "약한 것들"로 번역하고 있다는 사실을 주목하라. 그 두 번역이 서로 바뀐다면 혼란을 초래할 것이다. 나는 "약한 데"라는 번역이 두 군데 모두에서 사용되어야 한다고 제안한다. 바울은 다른 어떤 곳에서도 병을 앓는 것을 기뻐하지 않았다. 교만과의 싸움이 그로 하여금 무릎을 꿇게 만들었다. 그는 그것이 제거되기를 구했고, 주님께서는 그에게 그의 남은 생애 내내 영향을 끼칠 치유의 응답을 주셨다. 사도에게 필요한 것은 주님 자신과 그분이 끊임없이 주시는 은혜의 공급뿐이었다.

바울의 "육체에 가시"의 진정한 본질에 대한 이 모든 논의는 위대한 의사께서 오늘날 행하시는 치유의 사역을 점점 더 이해하고 체험하는 데 지극히 중요해진다. 그것은 우리가 응답되지 않은 기도에 대한 성경적인 기초를 소유하고 있음을 의미하지 않는다. 사실은 정반대이다. 바울은 우리에게 주님께서 우리의 삶의 많은 영역에서 다양한 필요들을 위한 기도에 응답해 주신다는 예를 제공해 주고 있다.

바울이 우리에게 가르쳐 주고 있는 두드러진 교훈은 치유의 능력을 받아들이는 전조가 된다. 교만은 우리의 필요들을 그리스도께 기꺼이 맡기지 않는 우리의 태도의 핵심에 은밀하게 자리잡고 있다. 그분의 은혜는 교만이라는 영적 질병의 유일한 해독제이다. 교만은 두 가지 마음을 가지고 기도하게 부추긴다. 우리는 진정으로 주님을 원함이 없이 해결책과 해답과 치유를 원할 수 있다. 그런데 주님께서는 우리가 치유보다 더 그분을 원하는 곳으로 우리를 인도하시기 위해서 우리의 교만의 끈을 끊는 모든 것—응답되지 않는 기도처럼 보이는 지연(遲延)까지를 포함하는—을 사용하실 것이다. 그러한 복종의 지점에 이를 때까지, 우리는 주님께서 우리에게 주시기를 원하는 것을 막고 있는 것이다.

주님의 은혜: 우리의 가장 깊은 필요에 대한 응답

내가 이 장의 서두에서 언급한 그 여자는 주님께서 자신의 가장 깊은 필요를 이해하고 계시다는 사실을 발견했다. 그녀는 우리의 대화 후에 드린 주일 예배 중에 자기가 몸의 치유보다 주님의 은혜가 더 필요하다는 사실을 깨닫는 선물을 받았다. 예배 끝부분에 그녀는 자신의 육체적 필요들에 대한 치유를 구할 뿐 아니라 더 깊은 필요인 그리스도의 은혜—사랑과 용서, 화목과 능력—를 구하기 위해 앞으로 나아 왔다.

그 주일 이후, 주 중에 그녀가 나를 만나러 왔다. 그녀는 자기가 느낀 평강과 기쁨에 관해 이렇게 설명했다. "이 육체적인 문제가 저를 저 자신의 힘과 인내의 가장자리까지 인도해 준 데 대해 감사드려요. 저는 제가 육체적으로보다도 영적으로 더 병들어 있음을 발견했어요. 목사님도 아시겠지만, 저는 더 이상 육체적인 문제에 대해서 염려하지 않아요. 그것은 주님의 손에 달려 있는 걸요."

예배가 끝나고 인사를 나눌 때마다 그녀가 매주 일어난 진보를 적은 글을 제공해 준 사실은 나를 기쁘게 만들어 주었다. 그녀와 그녀의 담당 의사들은 그녀의 몸 속에 신속한 치유가 일어나고 있다는 사실에 크게 놀랐다. 처음에는 영혼을, 그리고 이제 육체를 치유해 주는 은혜의 기적이 일어난 것이다. 그녀는 고통을 최대한으로 활용하고 있다. 그것은 그녀가 마침내 주님께 복종하고, 육체의 치유뿐 아니라 풍성한 영생의 은혜를 받았기 때문이었다.

여러분은 이렇게 말하고 싶은 유혹을 받을지도 모른다. "그건 그녀 사정일 뿐입니다. 그녀가 그리스도께 나아가기 위해서는 그런 체험이 필요했겠지요. 하지만 여러 해 동안 그리스도인으로 지내온 사람들은 어떻습니까? 우리도 주님을 가까이 하기 위해서 갈등을 겪어야 한다는 말입니까?" 나는 가는 곳마다 그런 질문을 받게 된다.

사실상 그것은 잘못된 방법으로 구해진, 잘못된 질문이다. 그렇지 않다. 주님께서는 우리가 자신의 은혜에 계속 마음 문을 열도록 우리의 삶을 고통스러운 것으로 만들지 않으신다. 오히려 우리는 그분의 은혜 이외의 어떤 것, 또는 어떤 사람을 의지할 때마다 갈등에 빠지게 된다. 그러면 우리는 우리가 문제에 처한 줄을 깨닫고 그분의 도우심을 구하게 된다. 오랫동안 기도가 응답되지 않는, 기다리는 시기처럼 보이는 것은 사실 족한 그분의 은혜의 필요성을 깨닫는 데 필요한 시간일 뿐이다. 나는 내게 기도해 달라고 요청하는 기도의 응답을 받을 준비가 되어 있지 않은 사람들과 함께, 또는 그들을 위해 기도해 달라는 요청을 끊임없이 받고 있다. 만일 그들이 교만을 무너뜨리기 전에 응답을 받는다면, 그 응답은 영적 자족을 과시하는 또 하나의 트로피가 될 것이다.

주님께서는 우리가 전적으로 주님을 중심에 두고, 그분의 은혜 만을 의존하며, 우리 안에 거하시는 성령께 순종하기를 원하신다. 우리가 그분을 우리의 문제들을 자의적으로 통제하는 데 덧붙여지는 부가물처럼 여기고 자족할 때, 우리는 우리의 삶에 고통을 초래하는 문제들에 휩싸이게 될 것이다. 그리고 그 문제들은 우리를 덮쳐 침몰시키려 할 것이다. 그러면 우리는 기도할 수밖에 없게 된다. 그러나 자족하는 마음이 우리를 붙들고 있다면, 주님을 향한 우리의 부르짖음은 모든 것을 완전히 그분께 맡기기를 꺼려하는 태도와 상반된다. 우리는 바울처럼 교만과 은혜를 따라 사는 삶에서 멀리 떨어지게 만드는 자세를 이중적으로 치유받아야 하는 것이다.

우리가 통과하는 문제들은 우리를 세우거나 무너뜨리는 결과를 초래한다. 그 문제들은 우리를 더 그리스도 중심적이고, 그분의 은혜를 의지하는 사람들로 만들 수 있다. 그렇지 않을 경우, 그 문제들은 우리를 무너뜨릴 것이다. 기도가 응답되지 않는 것처럼 여겨지는 기다리는 시간은 주님께서 우리를 위해 예비하신 것을 받을 수 있도록 준비시켜 주는 기간인 것이다.

하나님의 더 큰 목적

더 깊은 질문은 우리가 통과하는 어려운 시간들을 어떻게 최대한으로 활용할 수 있는가가 아니라 어떻게 주님께서 우리에게 일어나는 모든 일을 통해서 자신의 더 큰 목적을 성취하실 수 있느냐는 것이다. 우리를 향한 하나님의 사랑의 깊이를 보여 주는 여호와의 이름이 성경 전체에 걸쳐 나타나고 있다.

그가 임하시는 날을 누가 능히 당하며 그가 나타나는 때에 누가 능히 서리요 그는 금을 연단하는 자의 불과 표백하는 자의 잿물과 같을 것이라 그가 은을 연단하여 깨끗하게 하는 자 같이 앉아서 레위 자손을 깨끗하게 하되 금, 은 같이 그들을 연단하리니 그들이 공의로운 제물을 나 여호와께 바칠 것이라(말 3:2, 3)

우리의 마음속에 떠오르는 모습은 가마를 가열하고, 도가니에 값진 금이나 은을 포함하고 있는 땅에서 취한 원료를 놓고, 불순물이 표면에 떠오르는 것을 지켜 보는 연단하는 자의 모습이다. 그 연단하는 자는 순수한 금이나 은만 남을 때까지 불순물을 건져낸다. 그는 연단하는 불이 얼마나 뜨거워야 하는 지와 제련 과정이 언제 끝나는 가를 경험으로 알고 있다. 그 연단하는 자는 도가니에 녹아 있는 녹은 금속물에 자기 얼굴이 비칠 때, 그 과정이 완성된 사실을 알게 되는 것이다.

그 비유는 우리의 성장에 적용시켜 볼 때 생생해진다. 영원한 연단하는 자의 목적은 우리가 자신에게 "의의 제물"을 드리는 것이다. 그것은 우리의 인간성에 속한 돌과 불순물들과 섞여 있는 금과 같다. 불순물을 표면에 떠올라 제거되게 만들 수 있는 것은 연단하는 불뿐이다.

금과 같은 의가 무엇인가? 우리 안에 있는 주님의 본성이다. 의는 하나님의 속성들을 멋지게 하나로 담고 있는 단어이다. 그것은 하나님의 존재, 그분 자체이다. 의는 주님의 인애, 신실하심, 선하심, 그리고 진리이다. 그 단어는 또한 그분이 바라시는 우리의 존재, 우리와 함께 나누고 싶어하시는 관계의 본질이다. 그분은 우리가 의롭고, 자신과 바른 관계를 가지고, 자신의 본성을 반영하고 자신의 뜻을 행하기를 원하신다. 불의는 나쁜 일들을 행하는 것이 아니다. 그것은 우리가 나타내게 되어 있는 영광을 드러내지 못하는 것이다.

그것이 그리스도께서 성육신하신 이유이다. 그분이 성육신하신 것은 그 금이 어떤 모습인가를 보여 주실 뿐 아니라 우리가 하나님과 바른 관계를 맺도록 대속을 제공하시기 위함이었다. 우리는 십자가를 통해서 의롭다하심을 받았다. 우리가 주님께서 우리를 위해 행하신 일 때문에 그분의 사랑을 받는 의로운 백성이 된 사실을 받아들일 때, 우리는 원료와 혼합된 금과 같은 존재가 된다. 연단 과정은 금을 우리 안에 주입시키는 것이 아니라 금이 아닌 것을 우리에게서 제거하는 과정이다.

다른 식으로 표현하자면, 우리가 우리의 삶을 주님께 드릴 때, 그분은 우리 안에 살기 위해 임하시는 것이다. 처음에는 우리의 인격이나 성품 내에 거하시는 그분의 임재를 거의 지각할 수 없다. 우리는 마음속으로 그분이 우리의 주와 구주시라는 사실을 생각한다. 그 생각은 우리에게 자유를 준다. 그러나 우리의 모든 생각들은 그 생각들이 그분의 통제 하에 있고 그분의 진리를 표현하게 될 때까지는 연단을 받아야 한다.

앞서 고찰했듯이, 우리의 기억들은 치유를 받아야 한다. 또한 우리의 목적들이 재조정되고, 태도들도 변화되어야 한다. 우리의 감정들도 주님의 영의 통로들이 되어야 한다. 이전에 이기심의 노예였던 우리의 의지들도 모든 일을 통해서 주님께 영광을 돌리고, 그분을 사랑하고 섬길 수 있게 우리의 생각과 바람들에 새로운 방향을 공급할 수 있도록 자유롭게 되어야 한다. 우리의 관계들도 주님께서 우리에게 그렇게 하셨던 것처럼 다른 사람들에게 기회를 주는 것이 되어야 한다. 사람들을 이

용하는데, 은밀하게 표현되는 이기주의도 그 대가와 상관 없이 다른 사람들의 궁극적인 선을 구하는, 희생적인 사랑으로 변화되어야 한다.

연단하는 자의 목표

간단히 말해서, 우리는 그리스도의 형상으로 재창조되게 되어 있다. 그것이 그 연단하는 자의 목표이자 목적이다. 바울은 골로새 교인들에게 우리 안에 계신 그리스도가 영광의 소망이라고 말했다(골 1:27). 다르게 표현하자면, 우리 안에 계신 그리스도는 금과 같은 영광이시다. 그 연단 과정은 우리 안에 거하시는 그분의 금이 밝고 아름답게 빛나지 못하게 만드는 우리의 생각과 태도와 인격 내의 모든 것을 제거하는 것이다.

이제 우리는 또 하나의 도전적인 질문에 직면하게 된다. 우리는 불순물을 걸러내는 연단하는 불 없이, 금을 포함하고 있는 원료를 스스로의 힘으로 발굴하도록 내버려져 있는가? 그렇지 않다. 우리를 정결케 하시는 주님의 노력 가운데 표현된 무제한적인 사랑보다 더 생생하게 그분의 사랑을 계시해 주는 그분의 사역은 아무 것도 없다. 그분은 타락한 피조물의 일부인 우리를 있는 모습 그대로 취하셔서, 자신의 금과 같은 의를 우리 안에 두시고, 그런 후에 역경의 불을 통과하게 허락하신다. 그것은 인생을 인내를 시험하는 시합으로 만들기 위함이 아니라, 우리가 그 금의 빛나는 잠재력을 가로막는 모든 것으로부터 정화하기 위함이다. 우리는 우리를 연단하시는 분이 우리의 삶으로부터 불순물을 분리하는 주권을 소유하고 계심을 믿을 때, 우리가 통과하는 어려운 일들을 기쁨으로 받아들일 수 있다.

그 확신 가운데 인생의 시련들을 인내를 가지고 통과할 수 있는 비결이 자리잡고 있다. 주님의 은혜는 족하다. 즉 그것은 그 목적을 성취할 것이다. 우리는 사도 바울이 겪은 외적, 내적, 육체적 시련들이 없었다면 어떻게 되었을까를 궁금히 여기게 된다. 다메섹 도상에서 부르심을 받았던 사람은 다소에서 보낸 몇 년 동안의 조용한 준비 과정이나 몇 차례의 전도 여행 중에 직면한 모든 문제들을 통해서 연단 받은 긴 과정을 통해서 그 모습을 드러낸 사람과 다르다. 주님께서 그 일을 그와 다르게, 순식간에 이루실 수 있었을까? 그분은 한 순간에 사울을 자신의 완벽한 형상으로 변화시키실 수 있었다. 그 대신, 그분은 그 일을 점차적으로 이루기를 선택하셨다. 그 사람의 마음과 생각에 소원을 두사 그로 하여금 삶의 모든 차원에서 행하게 허락하심을 통해서 그렇게 하신 것이다(빌 2:12-16).

아니면 그것을 또 다른 관점에서 생각해 보라. 주님께서는 바울을 그의 모습 그대로 내버려 두실 수도 있었다. 바울은 회심 후에 영생을 얻게 되었다. 금과 같은 의가 그 사도에게 심겨졌다. 만일 주님께서 교회를 확장시키는 일에 전략적으로 가장 중요한 사람 중 하나로 그를 사용하시기로 선택하지 않으셨다면, 어떻게 되었을까? 아무 도전이나 시련이나 고난 없이 묵상하는 삶을 살게 하셨다면 어떻게 되었을까? 그 사도는 그리스도의 선택을 통해서 영원히 살았을 것이다. 하지만 동시대와 그 이후의 수많은 사람들이 그리스도 안에 있었던 그 사람의 연단된 금에서 빛나는 밝은 빛을 보지 못했을 것이다.

동일한 질문이 여러분과 내게도 해당된다. 우리는 우리가 그리스도인이 되었을 때와 동일한 사람으로 남아 있기를 원하는가? 우리 안에 심겨진 금을 연단하는 인생의 용광로의 열기를 피하기를 원하는가? 나는 그렇게 하기를 원하지 않는다! 어떻게 어려운 시기들을 통해서 성장해 왔는가, 그리고 어떻게 인격이 연단되어 왔는가를 돌이켜 볼 때, 나는 이렇게 말하게 된다. "주여, 저의 정욕과 고집과 교만의 불순물들을 제거해 주심을 감사드립니다. 저를 향한 주님의 계획과 목적을 이루기 위해 제게 일어난 모든 일을 사용해 주심을 인해 감사드립니다."

사랑으로 우리를 연단하시는 주님께서는 연단 과정을 주의 깊게 지켜 보시고, 감독하시고, 통제하신다. 그분은 날마다 점점 더 많은 불순물을 제거하사, 자신이 심으신 금과 같은 의를 드러나게 하신다. 그분은 다른 사람들에게 그렇게 하실 수 있는 것처럼, 우리 안에 자신이 반영되게 만드실 수 있다.

사도 바울은 또한 연단하는 불을 알고 있었다. 복음서들과 사도행전, 그리고 그의 서신서들에서 우리는 막대한 잠재력을 가진 고집 세고, 어리석고, 충동적인 사람이 주님의 형상으로 변화되는 모습을 보게 된다. 베드로는 생애 말년에 자신의 인내의 비결을 초대 교회 교인들과 함께 나눴다. 그는 구원의 선물을 언급하면서 이렇게 말했다.

> 그러므로 너희가 이제 여러 가지 시험으로 말미암아 잠깐 근심하게 되지 않을 수 없으나 오히려 크게 기뻐하는도다 너희 믿음의 확실함은 불로 연단하여도 없어질 금보다 더 귀하여 예수 그리스도께서 나타나실 때에 칭찬과 영광과 존귀를 얻게 할 것이니라 예수를 너희가 보지 못하였으나 사랑하는도다 이제도 보지 못하나 믿고 말할 수 없는 영광스러운 즐거움으로 기뻐하니

> 믿음의 결국 곧 영혼의 구원을 받음이라(벧전 1:6-9)

"잠깐"이라는 말이 여러 가지 시험을 언급하는 데 사용되고 있음을 주목하라. 그 말은 우리의 문제들을 전혀 새로운 관점으로 볼 수 있게 만들어 준다. 주님만이 우리에게 무엇이 필요한가, 언제 그것을 필요로 하는가, 그리고 어떻게 그것을 필요로 하는가를 알고 계신다. 그분은 역경을 보내지 않으신다. 그분은 그렇게 하실 필요가 없다. 이 타락한 세상에 존재하는 역경만으로도 충분한 것이다. 그러나 그분이 우리에게 얼마만큼, 그리고 얼마나 오랫동안 역경을 겪게 하시는가는 그분의 연단하시는 목적, 그리고 타이밍과 철저하게 일치한다.

그러므로 우리의 금을 연단해 주시기를 담대히 구하도록 하자. 그 결과로 임하는 축복들을 요약해 보자.

1. 우리는 그리스도의 인격을 닮도록 연단된다.
2. 우리는 우리의 계획이 아니라 주님을 신뢰하기를 배우고, 그분이 주시는 힘과 용기를 받게 된다.
3. 우리는 어려움을 겪는 다른 사람들에게 민감해지게 된다.
4. 우리의 믿음이 현실 세계에서 승리를 거둘 수 있는 진실성과 현실성을 소유하게 된다.
5. 우리는 힘과 용기를 가지고 그리스도의 참된 기쁨을 밝힐 수 있게 된다.
6. 우리는 하늘나라에서 완전히 성취할 수 있는 완전함에 이르기 위한 준비를 갖추게 된다.

우리는 이런 사실을 근거로 그리스도의 은혜의 말씀에 대한 바울의 반응을 살펴 볼 준비를 갖추게 된다. 주님께서 자신의 은혜가 그에게 족하다고 말씀하신 후에, 바울은 다음과 같은 놀라운 말을 했다.

> 나에게 이르시기를 내 은혜가 네게 족하도다 이는 내 능력이 약한 데서 온전하여짐이라 하신지라 그러므로 도리어 크게 기뻐함으로 나의 여러 약한 것들에 대하여 자랑하리니 이는 그리스도의 능력이 내게 머물게 하려 함이라 그러므로 내가 그리스도를 위하여 약한 것들과 능욕과 궁핍과 박해와 곤고를 기뻐하노니 이는 내가 약한 그 때에 곧 강함이라(고후 12:9, 10)

자신의 직관이나 경건에 대한 자랑으로부터 자유로워진 사도는 이제 주님의 은혜를 더 깊이 체험할 수 있게 만들어 준 것들을 자랑하고 있다. 그의 부정적인 시야가 변화된 것이다. 그의 내부의 문제들이나 외부의 환경이나 사람들의 문제들은 영적으로 더 높이 도약할 수 있는 발판이 되었다. 그가 싫어했던 자신에게, 또는 자신의 주위에서 일어난 일들도 그가 가장 원했던 것—주의 더 큰 은혜—을 받는 수단이 되었다. 그가 당한 모든 위기는 신적인 에너지를 얻는 길이 되었고, 모든 문제는 새로운 능력의 통로가 되었다.

바울은 다시 자랑하고 있다. 그러나 이번에 그가 자랑한 것은 그의 약함이었다. 그의 지복의 직관은 더 이상 교만의 근원이 되지 않고 있다. 이제 그의 직관과 그릇된 안전의 근원이 되었던 모든 체험이 족한 은혜를 아는 것과 비교가 되지 않았다. 그래서 그는 자신의 약한 것들을 기뻐한다고 말할 수 있게 되었다. 〈유도케오〉(eudokeo)라는 헬라어 단어는 "즐거워하다, 또는 기꺼이 받아들이다"라는 뜻을 가지고 있다. 바울은 자기가 당하는 일이 주님의 은혜를 더 깊이 체험하게 만들어 주었기 때문에 기뻐하면서 기꺼이 그 일을 겪을 수 있었던 것이다.

세상의 염려—하나님의 병거

한나 휘탈 스미스(Hanna Whitall Smith)는 세상 염려를, 영혼을 가장 높은 신뢰의 장소로 태워다 주는 하나님의 병거라고 부른다. 그녀의 비유는 아람 왕의 병거들의 침공을 받은 엘리사의 이야기에 기초하고 있다.

그 선지자의 종이 병거들을 보고 겁에 질려 이렇게 부르짖었다. "아아, 내 주여 우리가 어찌하리이까"(왕하 6:15). 그러자 여호와의 능력과 훨씬 더 위대한 병거를 확신하고 있던 엘리사는 이렇게 확신을 가지고 말했다. "두려워하지 말라 우리와 함께한 자가 그들과 함께한 자보다 많으니라"(왕하 6:16). 그리고 나서 그는 자기 종의 눈이 열리기를 간구했다. 여호와께서 그 선지자의 기도에 응답하셨을 때, 그 종은 불말과 불병거가 산에 가득하여 엘리사를 두르고 있는 광경을 보게 되었다.

한나 휘탈 스미스는 이 말씀을 우리의 어려운 문제들에 유익하게 적용하고 있다.[1]

이것이 우리가 우리 자신과 다른 사람들을 위해 드릴 필요가 있는 기도이다. "주여, 우리를 영광스러운 승리의 장소들로 태우고 가기 위해 기다리고 있는, 하나님의 말과 병거들이 그 선지자뿐 아니라 우리를 두르고 있는 모습을 볼 수 있도록 '우리의 눈을 열어 주소서.' 그래서 우리의 눈이 열릴 때, 크든 작든, 기쁘든 슬프든, 인생의 모든 사건들 안에서 우리의 영혼을 위한 '병거'를 볼 수 있게 해 주소서."

나는 매우 큰 실망을 안겨 준 소식을 들은 그저께 그 글을 다시 읽었다. 그 글은 나의 영혼을 들어 올려주고, 내 생각들이 나의 삶을 향한 자신의 계획의 새로운 국면을 보여 주시기 위해 그 실망을 통해 행하실 일을 향하게 만들어 주었다. 그 결과 나는 이렇게 말할 수 있었다. "이 병거로 나를 주님께서 계획하신 일로 인도하신 주님께 감사를 드립니다." 갑자기 아픔이 사라지고 주님께서 이루실 계획에 대한 새로운 흥분이 내 마음을 가득 채웠다.

인생의 문제들을 "기뻐하는 것"은 그것들을 인해 주님을 찬양하는 것을 의미한다. 앞서 언급했듯이, 그것은 궁극적인 차원의 포기이다. 우리는 일어난 일과 주님께서 그 일을 통해서 은혜 가운데 성장하도록 도우시기 위해 행하실 일을 찬양할 수 있게 될 때까지, 모든 것에 대한 지배권을 자유롭게 내어 놓을 수 없는 것이다.

이 모든 사실이 "그리스도께서 주시는 온전함과, 치유와, 건강을 체험하지 않을 이유가 어디 있는가?"라는 이 책의 핵심적인 질문에 대한 답을 추구하는 과정에 의미하는 것이 무엇인가? 많은 것을 의미한다. 응답되지 않은 기도처럼 보인 바울의 체험은 전혀 그런 것이 아니다. 그가 육체의 가시의 치유 대신에 은혜를 받았다는 기록은 오늘날 주님께서 치유를 행하시지 않는 이유에 대한 변명이 아니다. 더욱이 그것은 확신을 가지고 치유를 위해 기도하기를 소홀히하는 근거가 아니다. 오히려 그것이 우리에게 가르쳐 주는 것은 응답의 지연이 거절이 아니라는 것이다.

바울의 경우와 여러분과 나의 경우에 너무나 자주 나타나듯이, 주님의 타이밍은 우리의 몸의 치유나 어떤 문제의 해결보다 훨씬 더 큰 어떤 것을 우리에게 가져다 주시는 일에 맞춰진다. 그분은 우리의 교만과 고집을 치유하기를 원하신다. 치유보다 그분의 은혜를 구할 때, 치유까지 겸하여 받게 되는 경우가 자주 있다.

사도는 갈라디아에서 겪었던 육체적인 병을 치유받았을까? 나의 개인적인 의견은 그렇다는 것이다. 나의 의견은 바울의 동료가 된 의사, 누가가 바울이 계속해서 육체적인 병을 앓았다고 기록하고 있지 않은 사실에 기초하고 있다. 바울에 대해서 자세하고 정직하게 기록한 누가라면 의사의 주의 깊은 눈으로 본 사실을 틀림없이 포함시켰을 것이다.

그 사실 여부를 몰라도 괜찮다. 그것은 지나치게 단순한 치유에 대한 이론들을 피할 수 있게 해 준다. 우리는 주님께 우리의 이론에 따라 모든 사람을 동일한 방법으로 다뤄 주시기를 요구할 수 없다. 우리는 그분이 항상 육체적인 병을 치유하신다거나 우리의 육체적인 문제들에 전혀 관심을 갖지 않으신다고 말할 수 없다.

한 가지 분명한 사실이 있다. 육체적, 상황적 차원에서 우리에게 일어나는 일은 우리 안에 있는 그분의 금을 연단하는 데 사용될 것이다. 우리는 그런 확신을 가지고 그분의 은혜를 인해 그분을 찬양할 수 있다. 그리고 미래를 그분께 맡길 수 있다. 그것이 바로 고통을 최대한으로 활용한다는 의미이다.

궁극적인 온전함

제 11 장

제11장

궁극적인 온전함

나는 그 남자의 성난 얼굴을 생생하게 기억할 수 있다. 그 모습은 승리의 분위기가 넘치는 부활절 예배가 끝난 후에 나와 인사를 나누기 위해 줄 지어 늘어선 사람들의 즐거운 얼굴과 현격한 대조를 이루고 있었다. 그가 내게 가까워질수록, 나는 그의 적대감을 더 크게 느낄 수 있었다. 결국 우리는 얼굴을 마주 대하게 되었다.

그 남자는 내 옷을 붙들고 이렇게 퉁명스럽게 말했다. "당신에게는 질문할 권리가 없고, 내게도 대답할 책임이 없소! 우리가 어디서 영원한 시간을 보낼 것인가에 대한 당신의 미사여구로 우리에게 도전하지 마시오. 우리는 그리스도의 부활을 기념하러 모였소!"

그 말에 깜짝 놀란 나는 그 남자가 농담을 하고 있든가 아니면 정신적으로 이상이 있는 사람이라고 생각했다. 그의 품위 있고, 단정한 외모는 나중의 추측과 대조를 이루었다. 그는 계속해서 더 차분하지만, 여전히 강렬한 어조로 자기가 그렇게 화가 난 이유를 설명하였다. 나는 부활절 메시지에서 그의 신경을 거스르게 하는 질문을 제기했다. 나는 이제와 영원히 우리의 소망의 기초가 되는 부활의 개인적인 실재를 똑똑히 자각시키기 위해서 이렇게 질문했던 것이다. "여러분 중에 오늘 죽어도 영원히 주님과 함께 있으리라고 확신하고 계신 분이 몇 분이나 되십니까?" 나는 계속해서 우리가 그리스도를 개인적으로 영접하고, 십자가를 통한 그 분의 사랑과 용서를 받아들이며, 우리의 마음과 생각에 내주하시는 성령을 받아들일 때 천국이 시작된다는 사실을 확증했다. 그러고 나서 나는 그리스도 안에 거하고 그 안에 그리스도가 거하는 사람들에게는, 죽음이 우리의 영생에 있어서 하나의 이동에 불과하다고 선언했다.

나는 영원한 시간을 어디서 보낼 것인가에 대한 질문이 그를 화나게 만든 이유는 그에게 확신이 없기 때문이라고 생각했다. 그의 뒤에 수백 명의 교인이 기다리고 있었기 때문에, 나는 모든 사람과 인사를 마친 후에 내 사무실에서 만나 대화를 나누면 어떻겠느냐고 제안하였다. 그는 그렇게 하기로 동의했다.

잠시 후 사무실에서 만난 그 남자는 교회 층계에서 맞닥뜨렸던 남자와는 매우 다른 사람이었다. 그는 예배 후에 자기가 한 행동에 대해 사과하면서 눈물을 흘렸다. 그러고 나서 그는 자기가 몇 주 전에 의사들로부터 얼마 살지 못하리라는 말을 들었다고 설명했다. 그 소식은 그를 당황하여 쩔쩔매게 만들었고, 스스로의 죽음을 맞을 준비가 얼마나 부족한가를 깨닫게 만들었다. 거기다 나의 직접적인 질문은 그를 더 불편하게 만들었다. 어린 시절부터 그리스도인이었음에도 불구하고, 그는 너무나 바쁘게 살았던 나머지 기도를 통해서 믿음이나 주님과의 교제를 발전시킬 기회를 갖지 못했다.

그 사람이 자기가 화를 낸 데 대해서 변명이 섞인 설명을 마친 후에, 우리는 그리스도를 통한 영생과 하늘에서 영원히 살 수 있다는 사실을 어떻게 확신할 수 있는가에 대해서 장시간 대화를 나누었다. 나는 구원의 계획을 주의 깊게 설명하고, 그 사람에게 그리스도를 그의 주와 구주로 영접할 준비가 되어 있느냐고 물었다. 그리고 영생을 확신하느냐고 물었다. 그는 그렇다고 대답했다. 나의 부활절 예배는 그 사람이 그리스도 안에서 새로운 삶을 발견하고 그분과 동행하게 된 모습을 봄으로써 절정에 달하게 되었다. 우리는 무릎을 꿇고 기도했다. 그가 그리스도께 대한 신앙을 고백하는 기도를 드린 후에, 그는 다른 사람이 되어 자리에서 일어났다. 그의 얼굴은 기쁨으로 빛나고 있었다.

그는 내 사무실을 떠나기 직전에, 고개를 돌리고 웃으면서 이렇게 말했다. "저는 제가 예배 후에 목사님께 했던 불합리한 말—내가 어디서 영원한 시간을 보낼 것인가에 대해서 도전할 권리가 없다는 말과 내가 그리스도의 부활을 기념하러 왔다는 말—을 방금 생각했습니다. 그 두 가지는 짝을 이루는 군요. 그렇지 않습니까? 그리스도의 부활은 오래 전에 일어난 일이지만, 이제는 저의 것이군요. 기쁜 부활절이 되시기를 바랍니다."

그 사람은 일년 후에 죽었다. 그 사이에 우리는 좋은 친구가 되었다. 그는 죽음의 그림자가 드리워진 골짜기를 지나는 동안 선한 목자가 자기를 인도하신다는 사실을 알고 조용히 그 길을 통과했다. 그는 궁극적인 온전함을 알고 있었던 것이다.

죽음에 대한 두려움

내가 이 사람의 이야기를 한 이유는 그것이 오늘날의 수많은 사람들—교회 안팎의—의 영적인 상태를 노출하고 있다고 생각하기 때문이다. 죽음에 대한 우리의 두려움은 우리의 더 작은 두려움들의 근원이자 원인으로 배후에 깔려 있다. 그리스도를 믿은 지 여러 해가 지난 후에도, 우리는 영원한 삶에 대해서 불안감을 느낀다. 죽음은 우리를 두렵게 만드는 우리의 대적이다.

그리스도의 치유의 능력을 진지하게 고려할 때마다, 우리는 죽음에 관한 질문들을 직면하게 된다. 한 여자가 그 사실을 이렇게 단도직입적으로 표현했다. "저는 치유를 구하는 우리의 기도들이 효과가 없었다고 생각해요. 우리는 주님께 준(June)을 치유해 주시도록 기도했지만, 그 아이는 죽고 말았어요."

이러한 질문들은 사랑하는 사람의 죽음 이후뿐 아니라 예상이 좋지 않은 심각한 질병을 앓는 중에도 우리의 마음속에서 왔다 갔다 한다. 나는 며칠 전 한 쇼핑 센터에서 교인 한 사람을 만났다. 그녀는 이렇게 말했다. "오늘 만나 뵙게 되서 정말 기뻐요. 저는 이제 막 제 어머니께서 돌아가셨다는 전화를 받았어요. 어머니가 연로하시기는 했지만, 마음에 걸리는 것이 있어요. 어머니께 영생에 대해서 한 마디도 하지 않았다는 사실이 끔찍하게 느껴져요. 어머니는 자기가 무엇을 믿는 지 전혀 말씀이 없는 폐쇄적인 분이셨어요. 어머니께서 몇 달 전에 앓아 누우셨을 때, 저는 딜레마에 빠졌어요. 저는 죽음에 관한 질문을 제기하지 않았어요. 저는 어머니께서 병이 나으리라는 희망을 포기하리라고 생각하실까봐 두려웠기 때문이예요. 그런데 오늘 아침, 어머니는 돌아가셨어요. 어머니께서 어디 계신지 제가 어떻게 확실히 알 수 있을까요?"

우리 모두는 그녀가 슬픔 중에 품고 있었던 그 질문에 친숙하다. 그녀는 어머니와 죽음에 대해서 대화를 나눠야만 했을까? 어머니가 나으리라는 희망을 깨지 않고도 부드럽게 그 주제를 꺼낼 수 있는 길이 있었을까?

나는 그렇다고 생각한다. 서로의 마음을 아는 두 사람이 감히 그런 사실에 대해 대화를 나눌 때 깊은 친밀감이 두 사람 사이에 자리 잡게 된다. 내가 여러 해 동안 사람들을 돌보는 중에 나눈 가장 심오한 대화 중 하나는 우리의 죽음과 영생에 대한 우리의 소망이라는 주제였다.

우리의 두려움의 치유

치유 사역의 핵심적인 부분은 사람들이 죽음이라는 사실을 직시하고 그들의 두려움의 치유를 받아들이도록 돕는 것이다. 자신의 죽음에 대해서 전혀 생각해 보지 않은 그리스도인이 너무 많다. 나는 우리가 죽음에 대한 두려움이 치유될 때까지는 우리의 영생 중에서 지상에서 보내는 세월을 진정으로 살 수 없다고 확신한다. 인생의 가치는 그 세월의 양이 아니라 영생에 대한 확신의 질에 의해 계산되는 것이다.

우리는 모두 영원히 살게 될 것이다. 문제는 우리가 어디서, 누구와, 어떤 상태에서 살게 될 것인가라는 것이다. 자유를 얻은 그리스도인은 믿음으로 천국이 이미 시작되고, 구세주와 친밀한 관계를 누리고 있는 사람이다.

그리스도께서 지상 사역 중에 행하신 기적 중에서 가장 큰 기적이 무엇이라고 생각하는가? 우리는 이 책에서 우리가 고찰해 온 어떤 내용을 즉시 떠올리게 된다. 그러나 복음서 기자들이 기록한 이런 저런 기적들보다 더 큰 치유가 존재하고 있었다. 주님께서 행하신 하나의 기적에는 궁극적인 온전함의 모든 측면이 포함되었다. 예수님께서 행하신 다른 모든 치유들은 영적, 심리학적, 육체적 치유를 제공하였다. 갈보리와 부활의 사역이 완성되기 전에는 오직 한 사람만이 그리스도께서 나누어 주시기 위해 오신 완전한 구원과 온전함을 받았다.

성육신 하신 동안 그리스도께서 행하신 치유 사역은 겁에 질린 채로 죽어가고 있었던 사람을 치유하신 사건에서 정점에 이르렀다. 전승에 따르면 그의 이름은 디스마스(Dismas)였다. 성경은 그의 이름을 밝히지 않고 있다. 그는 갈보리에서 예수님과 함께 십자가에 달린 두 사람 중 한 사람이었다. 누가는 그들을 헬라어로 카코르고이(kakourgoi), 즉 범죄자라고 불렀다. 그러나 자세히 살펴 보면, 그들이 로마의 전복을 꾀했던 혁명가들이었을 가능성이 있다. 사소한 범죄자들을 십자가에 달았을 가능성은 매우 희박하다. 나는 그가 로마를 대항해 활동한 지하 운동가였다고 생각한다. 그리고 아마 그는 정치적인 반항자들의 무리에 속한 반란 선동자였던 바라바와 가룟 유다를 알고 있었을 것이다.

우리는 디스마스가 십자가에 달린 끔찍한 날 전에 예수님을 알고 있었는지 궁금하다. 그가 예수님에 대한 소문을 들었을까? 그는 예수님에게서 강력한 로마를 전복시킬 강력한 전투적인 메시아의 모습을 보았던 은밀한 추종자였을까? 나는 그것이 유다가 주님에게 품었던 야망이었으며, 주님을 배신하여 붙잡히게 했던 이유였다고 확신한다.

궁극적인 치유

우리가 확실히 아는 것은 디스마스가 궁극적인 치유를 받았다는 것이다. 누가는 감동적인 드라마에 주의를 기울이며 일어난 일을 묘사하고 있다(눅 23:39-43). 다른 행악자 중 하나는 예수님을 비방하고 조롱한 군사들과 이스라엘의 지도자들처럼 자기가 그리스도라는 주님의 주장을 비방하였다. "네가 그리스도가 아니냐 너와 우리를 구원하라." 디스마스가 동료 반란 선동자를 꾸짖으며 한 말은 그가 자기 곁에서 십자가에 달리신 분이 어떤 분이신가를 점점 깨달아가고 있음을 드러냈다. "네가 동일한 정죄를 받고서도 하나님을 두려워하지 아니하느냐 우리는 우리가 행한 일에 상당한 보응을 받는 것이니 이에 당연하거니와 이 사람이 행한 것은 옳지 않은 것이 없느니라." 그러고 나서 그는 예수님께 이렇게 말했다. "예수여 당신의 나라에 임하실 때에 나를 기억하소서." 이에 예수님께서 자신의 사역 중에 하신 다른 어떤 말씀보다 더 위대한 치유의 말씀은 다음과 같은 것이었다. "내가 진실로 네게 이르노니 오늘 네가 나와 함께 낙원에 있으리라." 그러한 확신은 십자가와 부활 이후까지 다른 어느 누구에게도 주어진 적이 없었다.

예수님께서 우리 모두가 영원히 살 수 있도록 하기 위해 죽으시는 동안, 디스마스에게는 갈보리에서 일어나고 있었던 일을 이해하는 믿음의 선물이 주어졌다. 그가 주님께 한 말은 그가 그리스도의 나라에 대해 들은 적이 있음을 드러내는 것이다. 그는 또한 자신이 부활하시리라는 그분의 말씀을 들었음에 틀림없었다. 그렇지 않았다면 어떻게 그가 예수님께서 왕의 권세를 가지고 임하실 때 자기를 기억해 달라고 요청할 수 있었겠는가?

나는 디스마스가 주님께서 십자가에서 고통당하시는 모습을 보았을 때 그분의 주장의 진정성을 느끼고 보았을 것이라고 믿는다. 그가 예수님에 대해서 알고 있었던 것이 그날 그분을 십자가에 못박은 자들과 이스라엘 지도자들의 비방으로부터 나온 것이라 하더라도, 그가 그분께 한 말은 중대한 것이었다. 예수님의 빛나는 얼굴에서 목격한 것에 추가된 그의 고백은 그의 확신에 인을 쳐 주었다. 주님께 대한 신뢰와 확신의 고백은 예수님의 모든 제자들과 따르는 자들의 고백을 초월하는 것이었다. 십자가는 하나님께서 아들의 희생을 직접 인정하신 것이었다. 디스마스는 최초로 예수님의 희생으로 유발된 믿음의 능력을 받았던 것이다.

죽어가는 사람에게 예수님께서 대답하신 말씀이 우리의 이론을 확증해 준다. 주님께서 "오늘 네가 나와 함께 낙원에 있으리라"고 말씀하셨을 때, 그분은 세상의 구주의 권세를 가지고 그렇게 말씀하셨다. "낙원"은 세상을 떠난 영혼들이 거하는 영역을 묘사하는 데 사용된 히브리어 단어였다. 예수님께서 이 사건에서 그 단어를 사용하셨을 때, 그 단어는 영생과 하늘나라에 대한 그분의 가르침의 완전한 의미를 전달하였다. 디스마스는 하늘에서 그분과 즐겁게 교제하며 영원히 살게 될 것이었다.

디스마스의 구원 기사는 강력한 치유의 메시지를 우리에게 전달해 준다. 임종의 자리에서 나누는 대화에 대한 우리의 비웃음은 순식간에 움츠러들게 된다. 이것으로 우리의 선함과 종교적인 업적으로 하늘에 들어갈 자격을 얻을 수 있다는 우리의 모든 개념들은 일소되고 만다. 디스마스는 영생에 들어가기 위한 입학 시험에 합격하는 데 도움을 주는 선행을 기록한 긴 목록을 갖고 있지 않았다. 그가 갖고 있었던 유일한 것은 하나님의 영이 주신 것이었다. 즉 예수님이 진정 메시아시며, 죽음을 정복하실 것이며, 왕의 권세로 자신과 교제하도록 그를 받아들이셨다는 사실을 파악하는 것이었다. 그는 자신의 기록이나 세련된 신학 지식을 자랑하는, 스스로를 의롭다하는 주장을 하지 않았다. "나를 기억하소서"라는 두 마디 말만이 그가 새로 발견한 믿음을 표현하고 있다. 그리고 예수님께서는 디스마스를 기억하실 뿐 아니라 하늘의 영광을 그와 함께 나누리라고 약속해 주셨다.

우리가 디스마스보다 말할 수 없이 더 큰 확신의 기초를 소유하고 있음을 생각해 보라. 우리는 갈보리, 열린 무덤, 오순절, 그리고 그리스도의 치유 사역에 대한 여러 세기의 계시 이편에 살고 있다. 우리는 베드로, 야고보, 요한, 그리고 바울의 서신들에 나타나 있는 대속에 대한 발전된 이해를 소유하고 있다. 이제와 영원한 생명에 대한 우리의 소망도 영감을 받은 그들의 붓에 의해 설명되고 있다. 우리에게는 확신을 가지고 살고 죽은 여러 세대의 위대한 사람들에 대한 기록이 있다. 그리고 여러 세기의 성도들은 죽음의 두려움이 우리의 배후로 물러날 때, 우리의 삶이 용기와 만족과 영광을 얻게 된다는 사실을 증거해 왔다. 우리는 동시에 두 영역 내에 살고 있다. 하늘의 관점과 세상의 압박 하에 살고 있는 것이다. 하늘에 대한 묵상은 우리가 지상에서 소유하고 있는 짧은 세월과 하늘에서 보낼 영원한 세월을 대조시켜 준다.

　그리스도께서는 다시 한 번 낙원에 대해 약속해 주셨다. 그 약속은 풍성하고 놀라운 은유로 가득 차 있다. 그리스도께서는 부활하신 주님으로 밧모 섬에 있는 요한에게 나타나셨을 때, 환난에 처한 에베소 교회에게 엄청난 약속을 주셨다. "귀 있는 자는 성령이 교회들에게 하시는 말씀을 들을지어다 이기는 그에게는 내가 하나님의 낙원에 있는 생명나무의 열매를 주어 먹게 하리라"(계 2:7). 이 말씀을 계시록 22:2과 짝 지을 때, 그 묘사는 더 엄청난 것이 된다.

　요한에게 주어진 생명 나무의 이상은 계절마다 열두 가지 열매를 맺는 나무에 대한 것이었다. 생명 나무는 금지된 선악을 알게 하는 나무와 함께 에덴 동산에 있었던 나무를 일깨워 준다. 이제, 영생의 약속은 갈보리의 희생과 하나님과 인간의 화목을 통해서, 우리가 하나님과 더불어 친밀한 교제를 나누리라는 약속이 된다. 우리는 그 교제를 통해서 하나님의 마음을 알고, 그분의 계획과 목적이 성취됨을 볼 뿐 아니라 아름다운 열두 가지 열매를 누리게 될 것이다.

　나는 그 은유가 표현하도록 의도되어 있는 목적을 넘어섬이 없이, 하늘의 열두 가지 영생의 열매에 대해 생각하기를 좋아한다. 나는 여러분의 기대를 자극하기 위해 그 열매들 중 일부를 맛 보고자 한다. 우리는 주님을 만나고, 그분의 모습 그대로 그분을 알고, 그분의 영원한 가족의 귀하고 사랑받는 일원이 될 것이다. 우리는 하늘에서 끊임없는 찬송을 드리게 될 것이다. 우리가 알아 온 가장 훌륭한 인생의 미덕들도 우리의 상상력을 초월하여 배가될 것이다. 사랑, 희락, 화평, 소망도 무한히 넘칠 것이다. 우리는 역사가 완성되는 모습을 보면서, 그리스도의 재림을 함께 기뻐하며, 선택된 자들을 하늘나라로 영접해 맞아들일 것이다.

하늘에서 우리는 우리보다 앞서간 사랑하는 사람들과 교제를 나누게 될 뿐 아니라 성경의 영웅들과 교회의 탄생 이후로 오고 간 많은 영웅들과 끝없는 대화를 나누게 될 것이다. 우리는 우리가 육신적으로 죽은 후에 우리 뒤에 남긴 사람들을 위해 중보기도 사역을 감당하게 될 것이다. 우리에게는 더 이상 슬픔이나 근심이 없을 것이다. 시간, 육체적인 에너지, 그리고 부분적인 지식의 제한이 무한한 탁월함과 고상함으로 대체될 것이다. 우리는 우리의 지상에서의 존재가 절대로 주지 못했던 온전함을 얻게 될 것이다.

하늘나라에 대한 확신

멋 있는 말이다. 그렇지 않은가? 그렇다면 우리는 왜 두려워하며 이생에 그렇게 집착하는가? 우리가 언급해 온 온전함의 모든 측면과 마찬가지로, 하늘나라에 대한 확신도 우리 영혼을 치유하시는 위대한 의사와의 교제로부터 분리될 수 없다. 우리가 그분께 더 복종하면 할수록, 우리는 우리의 영원한 운명을 더 확신하게 된다.

그리스도의 죽음과 부활은 이제 우리 안에 재현되었다. 우리가 그리스도께 헌신할 때, 우리는 우리 자신의 자주권(自主權)에 대해서 죽게 된다. 그분은 우리 안에 새 사람을 만드시고, 우리의 마음과 몸과 영혼을 온전하게 만드신다. 그것이 그분이 우리에게 주시는 은혜와 믿음의 선물을 통하여 성취될 때, 우리는 천국의 시민이 된다. 육체적인 죽음이 우리에게 할 수 있는 일은 우리가 이제 체험하기 시작한 천국에 대한 지각을 더 온전히 일깨워 주는 것뿐이다.

나의 어머니는 혼수상태에 들어가시기 전에 마지막으로 나와 나눈 대화에서 이렇게 말씀하셨다. "이제 가도 되겠니? 나는 내세를 기다리고 있단다. 나는 준비가 되어 있어. 그리고 기대감으로 가득 차 있단다." 그것은 사실이었다. 구주를 알고 사랑하셨던 어머니는 여러 해 전에 죽음의 두려움을 치유받으셨다. 어머니는 천국에 가서 아버지와 다른 모든 사람과 함께 있고 싶어 하셨다. 의식이 오락가락 하던 어머니는 마침내 지치고 나이 든 몸을 떠나셨다. 그 동안 바울의 말이 내 마음속을 줄곧 맴돌았다. "이 썩을 것이 썩지 아니함을 입고 이 죽을 것이 죽지 아니함을 입을 때에는 사망을 삼키고 이기리라고 기록된 말씀이 이루어지리라"(고전 15:54).

여러분과 나는 어떤가? 위대한 의사께서는 이 생의 세월 동안 우리의 문제들을 치유하시고, 우리의 죽음에 대한 두려움을 치유하기를 간절히 원하신다. 나는 나의 아내 메리 제인이 암 치료를 받을 때 했던 말을 기억한다. 그녀는 위대한 의사가 치유의 능력으로 그녀를 만지신 후에 이렇게 말했다. "로이드, 나는 가장 어두운 순간에도 눈꼽만큼도 죽음을 두려워한 적이 없어요. 나의 유일한 관심사는 제가 당신을 남겨두고 간다는 사실과 이 땅에서 내가 할 일이 끝났느냐 하는 것뿐이에요."

나는 죽음의 두려움으로부터의 해방이 그녀로 하여금 영생의 이 단계를 살아가는 여러 해 동안 치유를 받을 수 있도록 만들어 주었다고 생각한다. 나는 나 자신에게 이렇게 물어 볼 수밖에 없었다. '로이드, 네게도 그런 확신이 있는가?' 내 안에 있는 모든 것이 기뻐하며 대답했다. '그렇다.' 천번 만번 물어 보더라도 그렇다. 위대한 의사를 찬양하라!

우리는 한 가지 질문과 더불어 이 책을 시작하였다. "그리스도께서 주시는 온전함과 치유와 건강을 체험하지 않을 이유가 무엇인가?" 이제 이 책의 결론 부분인 이 장을 마치는 시점에서, 우리는 이렇게 질문하게 된다.

"여러분이 영원한 시간을 보낼 곳을 영단번에 결정하지 않을 이유가 어디 있는가?"

"여러분의 더 작은 문제들의 치유를 극대화하는 궁극적인 온전함을 구하지 않을 이유가 어디 있는가?"

천국은 지금 존재한다!

주

1장

1. 〈콜리〉(choli)는 신 7:15; 28:61; 왕상 17:17; 왕하 1:2; 8:8; 대하 16:13; 21:15에서 "질병" 또는 "고통"으로 번역되고 있으며, 〈마코브〉(makob)는 욥 14:22과 33:19에서 "고통"으로 번역되고 있다.

7장

1. 신경 조직의 기능을 더 충분히 다룬 내용을 원한다면, 나의 책 *Making Stress Work for You*(Waco, Tex.: Word Books, 1984)를 보라.

9장

1. Thomas A. Dorsey, "Precious Lord, Take My Hand," *Hymns for the Family of God*(Nashville, Tenn.: Paragon Associates, 1976), p. 611.

10장

1. Hannah Whitall Smith, *THe Christian's Secret of a Happy Life*(Old Tappan, N. J.: Fleming H. Revell, 1952), p. 235.

치유자 예수님

2009년 3월 10일　3쇄

지은이 :　월 터 카 이 저
옮긴이 :　김 　진 　우

도서출판　선교횃불

* 저작권자의 허락없이 이 책의 일부 또는 전체를 무단복제, 전재, 발췌하면 저작권법에 의해 처벌을 받습니다.